7385 9251

W9-CTV-817

RUMBO A UNA VIDA MEJOR

JORGE BUCAY

RUMBO A UNA VIDA MEJOR

OCEANO Del Nuevo Extremo

Diseño de portada: Estudio Sagahón / Leonel Sagahón

Imagen de la portada: © Krivosheev Vitaly | Shutterstock.com

Fotografía de la página 7: Puente Baluarte de Durango, Birro Rodríguez, Cortesía del Gobierno de Durango

Imagen de la página 165: © Pilar Rincón, *Desamores*, 2012, técnica mixta sobre tela, 80 × 100 cm
Durango, México

RUMBO A UNA VIDA MEJOR

© 2015, Editorial del Nuevo Extremo, S.A.
Buenos Aires, Argentina

D.R. © 2015, Editorial Océano de México, S.A. de C.V.
Blvd. Manuel Ávila Camacho 76, piso 10
Col. Lomas de Chapultepec
Miguel Hidalgo, C.P. 11000, México, D.F.
Tel. (55) 9178 5100 • info@oceano.com.mx

Para su comercialización exclusiva en México, países de Centroamérica,
Estados Unidos, República Dominicana y Cuba.

Primera edición en Océano: 2015

ISBN: 978-607-735-494-9
Depósito legal: B-4348-2015

Hecho en México / Impreso en España
Made in Mexico / Printed in Spain

9004005010215

Índice

Prólogo
11

CAPÍTULO 1
El viaje interior
19

CAPÍTULO 2
Vivir con un propósito
57

CAPÍTULO 3
Cultivar las relaciones
93

CAPÍTULO 4
Pensamiento creativo
131

Epílogo
161

Prólogo

HONRAR LA VIDA

Hay tantas maneras de no ser,
tanta conciencia sin saber, adormecida...
Merecer la vida no es callar y consentir,
tanta injusticia repetida [...]
Es erguirse vertical,
más allá del mal y las caídas...
Es darle por igual a la verdad,
y a nuestra propia libertad
la bienvenida [...]
Eso de durar y transcurrir
no nos da derecho a presumir.
Porque no es lo mismo que vivir...
¡Honrar la vida!

ELADIA BLÁZQUEZ

VIVIR, así con mayúsculas, y no sólo "pasar por la vida" es, sobre todo, animarse a interactuar con el afuera, de forma comprometida, intensa y permanente. Esto puede ser fácil o no, pero implica siempre correr algunos riesgos. Hay quienes por temor a las consecuencias o para esquivar los costos deciden no correrlos; viven (o mejor, sobreviven) encerrados en sus estructuras seguras, que en muchas ocasiones son las que los demás les asignaron como lugar apropiado para ellos.

También hay, en el polo opuesto, algunos que creen que su vida adquiere significado por la cantidad de adrenalina que pueden sentir corriendo por sus venas y, entonces, caminan a cada instante por el filo de una navaja, jugándose la vida (y a veces no sólo la propia) en cada esquina.

| Vivir | Confiar en | Jugarse |
| encerrados | nuestros recursos | la vida |

Entre estos dos extremos estamos los que, a pesar de sabernos vulnerables, conocemos nuestras posibilidades y aprendemos a confiar en nuestros recursos. Somos los que en los días tórridos, a pesar del sol abrasador y el riesgo de quemarnos la piel, no queremos perdernos el placer de una caminata, y salimos de casa llevando puesta nuestra gorra con visera y untados con protector solar. Los que en los días de lluvia nos gusta caminar entre los charcos de nuestra ciudad, a pesar del riesgo de pescar un resfriado. Con paraguas y botas, pero salimos a la calle.

Muchos son los síntomas y signos que definen nuestras pequeñas neurosis cotidianas, pero el primero, por evidente y omnipresente, es el mal humor; un manifiesto y frecuente mal humor. ¿Estamos diciendo que una persona a la que solemos encontrar de mal humor, que alguien que se queja con vehemencia de las cosas que no salen, que quien se siente razonablemente inseguro, dados los tiempos que corren... es un neurótico?

Ya sabemos que cualquier contestación a esa pregunta sería una generalización absurda. Pero aun si decidiéramos ser absurdamente osados, una respuesta afirmativa demandaría por lo menos una explicación.

Si bien es cierto que esta forma "privilegiada" de reacción es la expresión de un cierto grado de neurosis, no es menos cierto que todos somos de alguna manera neuróticos. Y esto no pretende ser ningún tipo de consuelo "de tontos", sino que intenta establecer que en salud mental, como en muchas otras valoraciones, todo es un tema de grados.

No es signo de ninguna enfermedad, ni leve ni grave, estar de mal humor o quejarme de vez en cuando. Pero si en un tiempo más o menos prolongado de mi vida, medido con un calendario y no con un reloj, me percibo un poco más perturbado de lo natural (o mis seres más queridos me ven así), si me descubro irritable, gruñón e insufrible con razón y sin ella, si me doy cuenta de que estoy enojado a veces sí y otras también, y de que me quejo "con motivo" unos días y "por si acaso" los demás... Quizá me esté volviendo más neurótico de lo que me conviene. Quizás esté en el enfermizo camino de desaprovechar algunos días de mi vida.

Dicho de otra manera, lo "insano", en todo caso, es que tales estados no sean la excepción, sino la norma. Y esa regla funciona para todas las cosas, no solamente para el mal humor. No es neurótico hacer lo que está bajo nuestra responsabilidad y ocuparnos en tiempo y forma de nuestros compromisos; lo neurótico, por el contrario, es creer que toda nuestra vida no es más que la suma de esos tiempos de hacer lo que se espera de nosotros, y esas formas son las que conforman a los demás.

Comparto contigo esta historia que dicen que sucedió realmente:

*C*uentan que un profesor de secundaria acompañaba a un grupo de alumnos en su primera visita a las impresionantes salas del Museo del Prado. El maestro estaba molesto (quizá no quería estar allí) y con creciente fastidio y una prisa insensata les informaba sobre el significado de este o aquel cuadro. De pronto, dos o tres alumnos se rezagaron en la contemplación de una obra, un impresionante Goya que colgaba en una de las salas.

—¡Vamos, jóvenes! —les gritó el profesor—. ¡Si se detienen a mirar cada cua-
dro, no tendrán tiempo de ver el museo!

Qué estúpido programa ver un museo sin detenerse frente a la obra que nos atrapa, nos sorprende o nos moviliza. La misma estupidez de la que hablábamos al principio. No se trata de sobrevivir, sino de "honrar la vida", aunque en este intento debamos pasar por la mirada malsana y crítica o el ataque injustificado de los que pretenden igualar hacia abajo.

No podemos menos que enfrentarnos con las preguntas que aparecen espontáneamente en el corazón de todos los que como yo, o quizá como tú, avanzamos por la ruta de los que son escuchados y pretenden compartir lo que en el camino de la vida aprendieron:

- ¿Valdrá la pena lo que este desafío implica?

- ¿Tendrá sentido exponerse al reproche injusto de todos los que creen que el rumbo del placer de vivir la vida les está vedado y que, atrapados en la malsana envidia, proyectan en aquellos que consideran "demasiado afortunados" su propio autodesprecio o frustración?

- ¿Será una buena idea correr el riesgo (con la casi certeza de que así será) de navegar entre los señalamientos y malos deseos de los que sólo miden sus logros comparándolos con los de los otros?

Fue sumido en estos cuestionamientos cuando, de pronto, el mismísimo Ulises, uno de los personajes mitológicos que más me ha impactado desde que era un adolescente, vino en mi auxilio.

De todas las peripecias del rey de Ítaca narradas en la *Ilíada* y la *Odisea* recordé el momento en el que su nave, de regreso a casa, se acerca a la isla de

Escila, donde unos monstruos devoradores de hombres capturan a los marineros que se acercan a sus dominios para comérselos. ¿Recuerdas la leyenda? La forma en que los monstruos conseguían su alimento era tan astuta como malévola. Adoptando el aspecto de hermosas sirenas, cantaban sobre las rocas una melodía tan bella y sugerente que los que la escuchaban no podían resistir la tentación de acercarse, aunque supieran que eso podía significar su propia muerte. Ulises DEBE pasar cerca de la isla para no ser atrapado en el remolino de Caribdis y llegar a tiempo para salvar Ítaca de sus enemigos. Rodear el paso significaría perderlo todo, incluso a su adorada esposa, Penélope.

Él es un héroe en el sentido mitológico (es decir, capaz de desafiar a su destino), pero no es tonto y conoce sus limitaciones. Con la proa en su objetivo, Ulises obliga a todos sus marineros a que, antes de entrar en el estrecho, se tapen con cera los oídos para no escuchar el arrullo de la melodía, y remarca que nadie debe quitarse la cera, bajo ningún concepto, hasta volver a estar en mar abierto.

Así, el barco se encamina directo al angosto estrecho entre Escila y Caribdis. La idea del estratega les permitirá llegar a salvo a su destino. Sin embargo, al aproximarse a Escila, su espíritu aventurero le impone un desafío adicional: Ulises no quiere renunciar a escuchar, aunque sólo sea una vez, el famoso canto de las sirenas...

Ulises pide a cuatro de sus hombres de confianza que lo aten firmemente con sogas al palo mayor de la nave, y les ordena que se hagan cargo de la

embarcación, pero que, pase lo que pase, no importa lo que vean ni lo que él haga, no lo suelten hasta no estar todos a salvo del angosto paso.

La nave cruza el estrecho. A bordo, una tripulación completamente sorda, ve a lo lejos a las hermosas sirenas que los llaman y ve a Ulises retorciéndose entre las sogas que lo sujetan, vociferando insultos que nadie escucha y dando órdenes que nadie acata. Una vez lejos, los marinos desatan a su capitán y éste les quita la cera de los oídos. Ulises ha corrido otra vez un riesgo, en esta ocasión para escuchar el canto, que adivinaba bellísimo y fascinante. Ha sufrido y disfrutado de la aventura y, sobre todo, conseguirá llegar a tiempo para reunirse con su amada Penélope y salvar su reino.

Me emociona la pasión impuesta en la decisión de Ulises. Apostarlo todo a la vanidad y a la tentación de escuchar el canto de las sirenas es algo que no hará. Hacer oídos sordos a su destino y a su responsabilidad, tampoco. Pero, definitivamente, no huirá de la posibilidad que le propone la vida de transitar espacios que nadie ha recorrido antes. Espacios tan fascinantes como dolorosos, aunque todos ellos conlleven un riesgo.

Yo nunca he sido un héroe ni querría serlo, pero creo encontrar en este planteamiento mitológico un reflejo de la historia de muchos. Soy, posiblemente como tú, de los que no quieren conformarse con mirar la vida por televisión ni quieren abandonar a los demás a su suerte sabiendo que quizá pueden hacer algo para ayudar, aunque sea un poco.

Aunque no tanto como al mítico Ulises, la vida suele enfrentarnos, con no poca frecuencia, a situaciones muy especiales. En mi caso particular, confirmo que esto es absolutamente cierto y totalmente demostrable, aunque sospecho que lo mismo les sucede a todos.

Quizá la única diferencia radique en que la mayoría de las personas no quiere o no puede darse cuenta de lo especial y única que es su vida, de lo irrepetible que es lo que le ocurre de momento en momento, de su propia cuota de heroicidad.

Si después del camino recorrido, lleno de satisfacciones y sinsabores, uno sabe que ha podido escuchar el hermoso canto de una vida plena; si ha intentado y conseguido, con las propias limitaciones, "Honrar la vida" como propone Eladia Blázquez; si puede declarar con honestidad que muchos le han servido y que ha servido a algunos, deberá concluir que correr el riesgo de ser lastimado y haber pasado por la posibilidad o por el hecho de salir herido de alguna batalla ha valido la pena.

Terminaré este prólogo con algunas palabras de la misma Eladia Blázquez, una hija de inmigrantes españoles que se transformó, para legos y conocedores, en el emblema de la poética tanguera de las últimas generaciones. Una mujer cuyas canciones obligaron a muchos de nosotros a pensar las cosas desde un nuevo lugar, con una mirada feroz y desenfadada, pero, a la vez, bella, prístina y esperanzada. Un mensaje que, desde su genialidad, podría resumirse en estos sus últimos versos…

A pesar de todo, me trae cada día
la loca esperanza y la absurda alegría.
A pesar de todo, la vida que es dura,
también es milagro, también aventura.
A pesar de todo… dejándola abierta,
verás que se cuela, el sol por tu puerta.

CAPÍTULO 1

El viaje interior

¿Quién eres? ¿Te gusta la realidad que vives? ¿Hacia dónde quieres dirigir tu vida en adelante? Realizar un viaje introspectivo hacia el fondo del verdadero yo, el que sale a la luz cuando estamos a solas, debería permitirnos ser sinceros con nosotros mismos, sanar las heridas del pasado y reconocer las fortalezas que nos conducirán a desarrollar nuestros dones.

El desafío del presente

Tendemos a pensar y decir que el desafío de vivir nuestra propia vida está centrado en hacer realidad los planes y los proyectos o, en todo caso, en superar los obstáculos y las dificultades que se nos presenten en el futuro.

Y sin embargo, vivir el presente también es un desafío. Un desafío que consiste en:

- vivir conscientemente

- dándonos cuenta de nuestras decisiones y de nuestra participación en lo que nos ocurre

- de una forma intensa y comprometida

De nuestra actitud a la hora de afrontar este reto depende en gran medida el desarrollo de nuestro potencial.

Para ayudarte en este desafío, te propongo un pequeño trabajo personal.

Se trata de un ensueño guiado, al estilo de los diseñados por el psicoterapeuta francés Robert Desoille, pensado para lograr más conciencia de la propia vida cotidiana. El objetivo de este ejercicio será empujarte a tener más claridad respecto de cómo vives, para qué actúas, cómo lo haces y cuál es el mensaje que exportas de ti hacia fuera, en un intento de encontrar otra perspectiva de tu vida actual.

Lee en silencio las palabras que siguen, tomándote el tiempo necesario entre párrafo y párrafo para cerrar los ojos y visualizar lo que te propongo. Para facilitarte su ejecución también puedes grabar las instrucciones leyendo a ritmo pausado. Ten en cuenta que es necesario que dispongas por lo menos de 30 minutos libres para hacer esta tarea. No es aconsejable empezar si crees que no podrás terminar todo el ensueño o si tienes prisa. En estos casos será mejor esperar una oportunidad más propicia. Del mismo modo, será mejor postergar la tarea si no estás en algún lugar donde puedas tener la certeza de que no serás interrumpido.

Después, y sólo después de hacer este viaje imaginario, lee algunas de las conclusiones del final. Deseo que este recorrido que propongo te ayude a saber algo más de ti. Bien, ¿listo? Pues empecemos:

1. Siéntate cómodamente y relájate. También puedes acostarte, si te ayuda a relajarte. Y aunque te parezca una propuesta deshonesta y una petición desmedida: ¡apaga el teléfono móvil! No lo pongas en vibración, ¡apágalo! ¡Aunque te resulte difícil creerlo, el universo puede sobrevivir si no estás disponible durante los próximos 30 minutos!

2. Respira conscientemente y trata de enviar el aire a la parte más baja de tu tórax, inflando la barriga al inspirar y hundiéndola al sacar el aire.

3. A medida que respiras, siente cómo en cada exhalación los músculos de tu cuerpo se relajan más y más, libres de toda tensión...

4. Abandona toda preocupación o pensamiento que te aleje de este momento, en el que puedes estar por un rato a solas contigo mismo. Cierra los ojos unos minutos y toma contacto con tu interior.

5. Respira normalmente e imagina que un director de cine ha decidido filmar una película que trata sobre ti y sobre tu vida. Imagina que frente a tus ojos se despliega una pantalla en blanco en la que se proyectará lo que ha filmado y lo que filmará. Esas imágenes sólo se pueden ver con una mirada imaginaria, así que, permítete fantasear.

6. Imagina que ese director es muy inteligente y creativo y está decidido a conseguir que los espectadores disfruten con el personaje que va a ir siguiendo con la cámara. Él pretende conseguir que el público se implique, se impresione y emocione con las imágenes que les mostrará, para que al final, te comprenda o no, termine queriéndote. Su ingenioso y extraño plan es pedir a las cámaras que te sigan en cada momento, a lo largo de un día de tu vida actual. Las imágenes empiezan a proyectarse. Estamos al comienzo del día. La cámara registra tu despertar, tal cual es. Fíjate en los detalles: *¿cómo es tu habitación cuando te despiertas?, ¿cómo es la luz que entra?, ¿cómo son los objetos?, ¿cómo es tu cara al despertar?, ¿cómo te sientes frente a estas imágenes?, ¿qué piensas?, ¿qué cambiarías si pudieras?*

7. Ahora te estás levantando y comienzas tu día como haces habitualmente. La cámara te sigue al cuarto de baño, a la cocina y de vuelta al dormitorio o al vestidor. Mira cada escena con detenimiento. *¿Cómo es la ropa que el protagonista decide ponerse? ¿Es la ropa que le gusta? ¿Qué le dirá al espectador tu manera de vestirte, tu forma de acicalarte, tu estilo de desayuno y todo lo que haces antes de salir de tu casa?*

8. Sigue las escenas y trata de deducir qué conclusiones está sacando el público sobre esta persona. *¿Qué puede gustarle al espectador de lo que ve? ¿Qué será lo que menos le guste? ¿Por qué puede disgustarle?*

9. La cámara te sigue hasta tu encuentro con la gente con la que te ves todas las mañanas y en cada movimiento que haces en este día especial. Va a cada uno de los lugares por los que pasas. *¿Qué sientes frente a todo esto? ¿Qué crees que sentirán los espectadores?*

10. Ahora estás almorzando. *¿Qué comes, protagonista? ¿Cómo comes? ¿Qué crees que le diría una persona a su acompañante mientras contempla esta escena cotidiana desde la platea?*

11. El día continúa y las actividades se suceden. Imagina que puedes percibir la reacción del público sobre lo que te ocurre. Algunos creen que eres un tanto especial, *¿por qué?*

12. La película se sigue rodando y la cámara te sigue hasta un momento crucial: uno de tus encuentros con la persona más importante de tu vida de hoy. Te saludas con ella, como siempre o quizá un poco más efusivamente que de costumbre. *¿Qué hacen al verse? ¿Qué siente quien ve estas imágenes?* Anímate a calificar este encuentro con dos o tres adjetivos.

13. La otra persona se despide y se aleja. Te quedas en solitario frente a la cámara y cuentas tres episodios importantes de tu vida. El

director es maravilloso y, a medida que vas contando, aparecen en pantalla los hechos que relatas. Un tanto desenfocados y en colores sepia, pero allí están.

14. *¿Qué sientes cuando ves ahora las imágenes del primer episodio? ¿Qué pensará la gente cuando las vea?*

15. Llegan ahora las imágenes del segundo momento importante de tu vida. *¿Qué despiertan en ti? ¿Y en los espectadores? ¿Y el tercero?*

16. Es la tarde. *¿Qué expresión tiene el personaje central en la pantalla?*

17. En la película, vuelves a casa, *¿qué haces? ¿Cómo te sientes?* Te quitas la ropa, te acuestas en tu cama. Fíjate en este momento. Sólo obsérvalo.

18. Finalmente te duermes, ese día ha terminado. Imagina simplemente cuáles son las sensaciones del público ante lo que vio hasta aquí.

19. El director decide rodar algunas escenas más y ha convocado a otros personajes de tu vida. Graba momentos de un día de fiesta y otros de un día triste.

20. Estamos llegando al final de la película. El director ha decidido dejarte elegir la escena de tu vida con la que quisieras que culmine el film. *¿Cuál es esa escena? ¿Quiénes participan en ella? ¿Qué crees que siente la gente al saber que aquí termina esta película? ¿Qué puede haber aprendido?*

21. El director te pide que le pongas un título simbólico a la obra. *¿Cuál eliges?*

22. La mayor parte del público ha salido satisfecho con la filmación. *¿Tú también? ¿Qué cambiarías de ésta que es tu vida actual?*

El ejercicio ha terminado. Ahora respira profundamente dos o tres veces antes de proseguir con la lectura.

Ser el espectador de esta supuesta filmación te permite observar la vida que llevas desde el lugar de un imaginario testigo objetivo. No olvides que eres la suma de lo que crees que eres y haces, de lo que los demás creen que eres y te ven hacer y de lo que en verdad haces. Esta película te da la oportunidad de saber más sobre ti y cómo se desarrolla esta forma de ser día a día.

| Lo que crees que eres y haces | Lo que los demás creen que eres y haces | Lo que en verdad haces |

Un paciente a quien guié por un ejercicio como éste se dio cuenta y me dijo que cualquiera que viera su película pensaría que era un maltratador. Tras enfadarse por su percepción, tomó conciencia de que lo mismo debía pensar su esposa y terminó admitiendo que algunas cosas que hacía tenían un profundo ribete violento, aunque intentara suavizarlo.

Otra paciente terminó el ejercicio muy triste cuando se dio cuenta de que al llegar al encuentro con la persona más importante de su vida apareció su vecina de la infancia. Eso la ayudó a recuperar su relación con aquella amiga y también con su marido, a quien le contó su descubrimiento y le dijo que en su corazón había un lugar para él.

A través de este ejercicio podrás mirar tu forma de relacionarte con los tuyos y entender algo de la respuesta que recibes de los que están cerca de ti. Esta película sugiere que tu presente incluye los aprendizajes que algunos hechos de tu pasado han dejado en ti, así como el peso de ciertos miedos que ponemos en el futuro. No me refiero al pasado como tal, ni al futuro en sí, sino a la idea que tú tienes de cómo te afecta hoy ese pasado y a la manera en que manejas tus proyectos de mañana, hoy.

Por último, te pido que utilices este ejercicio para evaluar cómo construyes tu presente, aprovechando para reafirmar que, en última instancia, al final del camino: sólo tú podrás juzgar cómo lo has hecho. Nadie más que tú.

Potencia tus recursos

Al poco tiempo de analizarnos, con ayuda o sin ella, descubrimos que ante nuestra mirada se abre un abanico de 'yoes' internos. Nos decimos: "yo soy esto", "soy eso otro", "soy de tal manera, pero no de aquélla"... Y con el tiempo confirmamos que somos todos esos y también algunos más que aparecen solamente en ciertos momentos especiales. No quisiera evocar ahora mismo a mi yo más romántico, porque quizás escribiría una carta de amor y no un libro para ti, ni tampoco a mi parte más intrascendente, porque quizá no escribiría nada. Y, sin embargo, yo sigo siendo esos dos Jorges y tantos otros, aunque ahora, en este preciso instante, no recurra a ellos.

Si soy capaz de evocar en cada momento las mejores y las más apropiadas partes de mí mismo para contar así con los mejores recursos en cada situación, posiblemente conseguiré que el resultado sea el más conveniente para mí y para los que quiero. Y esto es cierto para todos. Si logramos contar siempre con lo mejor de cada uno, evitaremos perder de vista nuestros objetivos principales, nos mantendremos en el rumbo que le da un sentido al camino que elegimos para nuestra vida y, en suma, ofreceremos siempre, en cada momento, la mejor respuesta que somos capaces de dar.

¿Y cuáles son estos recursos con los que contamos?
¿Sabes tú cuáles son los tuyos?

He aquí una lista de 80 recursos, algunos internos y otros externos, de los cuales, quien más quien menos, todos nos valemos en distintas situaciones. Están ordenados alfabéticamente para evitar jerarquizarlos unos por encima de otros. Léelos atentamente antes de que te plantee con ellos un ejercicio de autoconocimiento:

	1	2	3
1. Aceptación del cambio	☐	☐	☐
2. Ahorros	☐	☐	☐
3. Amigos	☐	☐	☐
4. Amor por el conocimiento	☐	☐	☐
5. Amor por la vida	☐	☐	☐
6. Aptitud de escucha	☐	☐	☐
7. Asertividad	☐	☐	☐
8. Autocontrol	☐	☐	☐
9. Autodependencia	☐	☐	☐
10. Autoestima	☐	☐	☐
11. Bondad	☐	☐	☐
12. Buen trato	☐	☐	☐
13. Buena administración	☐	☐	☐
14. Capacidad de aprender	☐	☐	☐
15. Capacidad de trabajo	☐	☐	☐
16. Carisma	☐	☐	☐
17. Compromiso	☐	☐	☐
18. Creatividad	☐	☐	☐
19. Criterio	☐	☐	☐
20. Curiosidad	☐	☐	☐
21. Darse cuenta	☐	☐	☐
22. Diplomacia	☐	☐	☐
23. Disciplina	☐	☐	☐
24. Disfrute de la belleza	☐	☐	☐

25. Empatía ☐ ☐ ☐
26. Entusiasmo ☐ ☐ ☐
27. Escala de valores ☐ ☐ ☐
28. Esperanza ☐ ☐ ☐
29. Espiritualidad ☐ ☐ ☐
30. Estética ☐ ☐ ☐
31. Estrategia ☐ ☐ ☐
32. Experiencia ☐ ☐ ☐
33. Familia ☐ ☐ ☐
34. Fe ☐ ☐ ☐
35. Generosidad ☐ ☐ ☐
36. Gratitud ☐ ☐ ☐
37. Grupo de pertenencia ☐ ☐ ☐
38. Habilidad manual ☐ ☐ ☐
39. Habilidad social ☐ ☐ ☐
40. Histrionismo ☐ ☐ ☐
41. Honestidad ☐ ☐ ☐
42. Humanidad ☐ ☐ ☐
43. Humildad ☐ ☐ ☐
44. Imparcialidad ☐ ☐ ☐
45. Ingenio ☐ ☐ ☐
46. Integridad ☐ ☐ ☐
47. Inteligencia abstracta ☐ ☐ ☐
48. Intuición ☐ ☐ ☐
49. Juicio ☐ ☐ ☐
50. Justicia ☐ ☐ ☐
51. Libertad ☐ ☐ ☐
52. Liderazgo ☐ ☐ ☐
53. Maestría ☐ ☐ ☐
54. Memoria moral y ética ☐ ☐ ☐
55. Motivación ☐ ☐ ☐
56. Negociación ☐ ☐ ☐

57. Optimismo ☐ ☐ ☐
58. Oratoria ☐ ☐ ☐
59. Paciencia ☐ ☐ ☐
60. Participación cívica ☐ ☐ ☐
61. Percepción ☐ ☐ ☐
62. Perdón ☐ ☐ ☐
63. Perseverancia ☐ ☐ ☐
64. Perspectiva ☐ ☐ ☐
65. Proactividad ☐ ☐ ☐
66. Prudencia ☐ ☐ ☐
67. Redes sociales ☐ ☐ ☐
68. Respeto ☐ ☐ ☐
69. Sabiduría ☐ ☐ ☐
70. Seducción ☐ ☐ ☐
71. Sentido del humor ☐ ☐ ☐
72. Serenidad ☐ ☐ ☐
73. Solidaridad ☐ ☐ ☐
74. Templanza ☐ ☐ ☐
75. Tenacidad ☐ ☐ ☐
76. Tolerancia ☐ ☐ ☐
77. Toma de distancia ☐ ☐ ☐
78. Trabajo ☐ ☐ ☐
79. Trascendencia ☐ ☐ ☐
80. Valentía ☐ ☐ ☐

La tarea que te propongo es la siguiente: tómate unos minutos para hacer esta evaluación. Una vez más, si estás en un lugar donde te resulta difícil concentrarte, es mejor que lo dejes para después. Pero si quieres y puedes, ponte cómodo o cómoda y califícate según el siguiente criterio.

PARTE I

Frente a cada palabra, pregúntate: ¿es éste un recurso mío? ¿Lo uso? ¿Me define? ¿Cuento con él? Contéstate sinceramente y, según hayan sido tus respuestas, califícate de 1 a 3 (junto a cada palabra).

Ésta es una guía-parámetro que podrías usar para tu puntuación:

1. Utilizo *muy poco* este recurso, posiblemente no lo tenga desarrollado o no suelo contar con él, sinceramente.
2. Lo utilizo *menos de lo que debería* o podría usarlo. Pero me gustaría desarrollarlo más, creo que sería positivo.
3. Es uno de mis recursos *más utilizados* en mi día a día. Sé que me sirvo de él frecuentemente o los demás me confirman que sé usarlo con eficacia.

Al final de la lista puedes añadir alguno de tus recursos favoritos, los tengas o no desarrollados en este momento. Son habilidades que yo no supe incluir, en algunos casos por olvido y en otros porque, posiblemente, no cuento con ellas tanto como tú.

PARTE II

Una vez evaluados todos los recursos de la lista, en una hoja aparte anota los que has marcado con un 3 y subraya los que utilizas *con más frecuencia*. Si puedes, lleva la lista unos días contigo. Ésos son tus recursos habituales, los que tienes siempre a mano y los que mejor sabes usar.

Utiliza otra hoja para colocar aquellas habilidades que clasificaste con 2 o con 1. Son las que no tienes tan a mano o te gustaría desarrollar más.

PARTE III

La parte más importante del trabajo. Consiste en *asumir un compromiso*, no con otros, sino sólo contigo. Se trata de elegir un ítem de los peor calificados para trabajar sobre él a conciencia, teniendo como objetivo que la próxima vez que te topes con este test obtengas un genuino y sincero 3 al evaluarte justo en ese punto en concreto.

Te preguntarás quizá por qué no hay una puntuación que sea cero. No es casual. No creo que ninguno, repito, ninguno de estos recursos, te sea totalmente ajeno. Algo de cada uno está en ti y por ello puedes acrecentarlo.

Recordemos que, ante nosotros mismos y ante los demás, nos definimos como nos place, nos han enseñado o nos es útil. Subjetivamente, ponemos el acento en ciertas cualidades en detrimento de otras que también nos pertenecen.

> Crecer y desarrollarse como personas significa
> en gran medida evitar convertirse en prisionero
> de las definiciones y etiquetas que estás habituado
> a ponerte o que te ponen desde fuera.

Mira en tu interior para descubrir todos aquellos dones que hay más allá de las apariencias, de los juicios de los demás, de los papeles que te han o que te has asignado. Y asume con firmeza el compromiso de lo que puedes llegar a ser.

Hace unos años, una amiga y colega de Costa Rica, Martha Morris, me mandó un poema parecido a éste, que ignoro quién escribió, en un momento muy difícil para mí. Me permito abreviarlo para compartirlo hoy contigo:

TODO

Todo lo que sabes
Todo lo que eres
Todo lo que haces
Todo lo que tienes
Todo lo que crees
Todo... Te ha servido para llegar hasta aquí...
¿Cómo seguir?
¿Cómo hacer para ir más allá?
Quizá haya llegado el tiempo de usar
Todo lo que todavía no sabes
Todo lo que aún no eres
Todo lo que por ahora no haces
Todo lo que afortunadamente no tienes
Todo aquello en lo que nunca pensaste como propio.

Amor por uno mismo

¿Se puede hablar de un egoísmo "bueno"? Creo que sí.

El egoísmo bueno, el verdadero, es sano y necesario, y podríamos definirlo simplemente como la manera en la que se expresa el amor que alguien —tú, yo o cualquiera— puede y debe sentir por sí mismo.

Demasiadas veces nos ocupamos, nos interesamos y nos importan aquellas personas que amamos, y es muy bueno que así sea...

Pero ¿por qué no incluirnos en esa lista de personas amadas? Y si nos incluimos, ¿por qué no ocuparnos entonces con la misma diligencia de nosotros mismos?

¿Cómo no privilegiar, aunque sólo sea de vez en cuando, nuestras propias apetencias y deseos? ¿Por qué somos capaces de ocuparnos durante semanas de buscar el mejor regalo de cumpleaños para nuestro amigo o nuestra pareja y por otra parte somos, casi todos, incapaces de "hacernos" un buen regalo el día de nuestro cumpleaños?

Estoy casi seguro de que la respuesta no te va a gustar, pero me he propuesto ser sinceramente egoísta y decirte lo que quiero decirte, casi sin pensar en ti. Lo hacemos porque, aunque nos duela saberlo, somos todos en este punto... un poquito neuróticos.

De alguna manera, si simplificáramos al extremo su definición,

> la neurosis no es más que el resultado de la confrontación entre nuestra naturaleza más instintiva y esencial (lo que quisiéramos hacer naturalmente) y lo que nos han enseñado que es lo correcto, lo que corresponde.

Aprendimos a negociar con nosotros mismos estas dos tendencias, nos enseñaron cómo hacerlo nuestros padres y nuestros maestros, eficaces administradores de premios y castigos de la sociedad que nos vio nacer.

Y me apresuro a aclarar que no estoy diciendo que la educación deba ser abolida, que pueda ser sustituida o que tenga que ser reemplazada; estoy intentando poner en claro de dónde creo que nos viene a todos esta odiosa costumbre de intentar ser lo que no somos para agradar a otros y evitar con ello la tragedia de ser rechazados.

En el fondo, he trabajado toda mi vida intentando ayudar:

- a los que se proponen recuperar su propia naturaleza,
- a ser más sensitivos con su voz interior,
- a prestar más atención a sus deseos profundos,
- a saber qué quieren y no sólo qué es lo que deberían hacer para ser aceptados, queridos o aplaudidos por las personas que los rodean.

Cuando éramos niños, nuestro miedo al abandono nos obligó a olvidar la idea de privilegiarnos porque intuimos que, a cambio de nuestro sacrificio, el entorno seguiría garantizándonos su cuidado, su amor y su valoración.

Y así fue. Pero quiero dejar claro que, si bien en ese momento éramos demasiado pequeños para poder hacer otra cosa, hoy como adultos deberíamos aceptar que eso ya no es necesario. **Hoy podemos permitirnos aprender a ser quienes somos y refugiarnos en este sano egoísmo** del que hablamos.

Definido el aspecto sano del egoísmo, podríamos decir que su lado oscuro, el **egoísmo malo, es el aspecto enfermizo de su deformación desafectivizada.** Es la actitud de aquellos que sistemáticamente excluyen de sus afectos y de su interés a los otros. Es actuar como si "los demás fueran siempre lo de menos". Algo así como decidir pedantemente que lo único que importa es lo mío y lo que a mí me conviene. No es la postura del que pretende hacer todo aquello que más le apetece, sino la de aquel que pretende que todos hagan solamente lo que a él le apetece.

Para decirlo más brutalmente:

> El egoísmo no es querer hacer siempre lo que yo quiero, sino querer que tú hagas siempre lo que quiero yo.

Y es bien diferente.

Decía yo que el egoísmo sano es el "verdadero", el egoísmo "propiamente dicho" ¿Por qué? Porque si nos tomáramos el trabajo de ahondar en el profundo significado de las palabras que pronunciamos, descubriríamos que los protagonistas de este segundo "egoísmo" al que venimos llamando "malo", en realidad no son egoístas; son mezquinos, o crueles, o miserables, o psicópatas, o antisociales.

De hecho, desde un punto de vista estrictamente psicológico, dado que el amor por los demás y el amor por uno mismo tienen la misma raíz, los malos egoístas no suelen ser personas que se quieren demasiado, como en general pensamos, sino personas que nunca han llegado a desarrollar un saludable amor por sí mismos. Ellos han "aprendido" a disimularlo con estas actitudes ruines. No quieren a nadie más que a sí mismos, pero tampoco consiguen quererse verdaderamente.

La salud, paso imprescindible y casi sinónimo de felicidad, no puede concebirse sin un buen nivel de autoestima o amor propio y una, aunque sea subjetiva, declaración de libertad.

Egoísmo malo

mezquinos
crueles
miserables
psicópatas
antisociales

Sano egoísmo

amor
propio

buena
autoestima

Pero ¿cómo podría valorar y dejar en libertad a alguien a quien no amo?

Autovaloración y libertad, autoestima
y autodependencia, responsabilidad y madurez, no nos
acompañarán demasiado tiempo si no se sustentan en un
verdadero compromiso afectivo con uno mismo.

Actualmente, casi todos los terapeutas humanistas coincidimos en que muchos de los problemas que tenemos (incluidos los de los que decimos esto) son una consecuencia de esos hábitos y creencias que mencionábamos antes y que aceptamos como propios, básicamente ligados a permisos y mandatos cosechados en nuestra primera infancia y, por lo tanto, la mayoría de las veces, no demasiado conscientes.

Muchas veces cito a Landrú, el genial humorista argentino Juan Carlos Columbres, que utilizaba como seudónimo el nombre del tristemente célebre asesino. Su humor, ácido y esclarecido, ayudó a toda una generación a tomar conciencia a través de sus chistes, frases o dibujos, de una realidad que no todos veíamos. Una de las frases que nunca olvido, y que menciono por aquí y por allá, es la que servía de epígrafe a su última publicación, en Argentina (el *Tía Vicenta*). La frase decía más o menos así: "Cuando se encuentre en un callejón sin salida, no sea tonto, salga por donde entró".

Y lo recuerdo ahora porque, de alguna manera, nuestra incapacidad para privilegiarnos y disfrutar de nuestras vidas funciona en nosotros como un callejón sin salida; y si la mencionada frase está en lo cierto, deberíamos salir de esta trampa por donde entramos.

Sostengo que nos hemos metido en la trampa por haber aprendido que estaba mal privilegiarnos, que era terrible ser egoísta, que la virtud está siempre ligada al altruismo. La salida será, entonces, cuestionar esa enseñanza que nos llevó a esta encerrona y animarnos cada día a relacionarnos un poco mejor con nosotros mismos.

Estar donde decidimos estar, pensar lo que pensamos, elegir decirlo o callarlo, sentir como sentimos y correr los riesgos que elijamos correr. Eso sí, haciéndonos responsables del resultado que obtengamos y pagando los precios de nuestras decisiones; es decir, "Ser adultos y sanos", como lo llama la nueva psicología de la salud; "Estar en el camino de nuestra autorrealización", como lo llama Maslow, o "Ser sanamente egoístas", como lo llamo yo.

Lo más interesante es que, si fuéramos capaces de educar para desarrollar un egoísmo más saludable, confirmaríamos en pocos años que el resultado de nuestro cambio educativo es justamente el inverso al esperado. No habría más encierro de las personas en sí mismas, sino más apertura y más entrega.

Aunque parezca una afirmación paradójica, estos verdaderos egoístas descubrirían mucho más temprano que otros:

- su propio placer de ayudar,
- la satisfacción de ser solidario
- y la necesidad de llegar con su amor más y más lejos

Porque es justamente el sano egoísmo del que venimos hablando el único que podría ayudarme a sentir el dolor frente al sufrimiento ajeno, el que me permitirá reflejarme sinceramente en el que sufre y el que me dará la posibilidad de ayudar por el mero deseo de hacerlo.

Puedo ayudar a otros porque así me lo enseñaron y está muy bien.

Puedo hacerlo porque me siento culpable de tener lo que otros no tienen y es mejor ayudar que no hacerlo.

Puedo entregarme a la ayuda por temor a ser castigado por Dios o el destino si no lo hago y es una mentira casi piadosa.

Puedo creer que todo lo que uno da vuelve multiplicado y quizá sea cierto.

Pero la mejor razón para ayudar es descubrir mi propio placer de ayudar y egoístamente no querer privarme del placer de hacerlo.

El *auténtico egoísmo sano* es el de los que encuentran, a partir de su capacidad de amarse, más espacio y más formas de amar al prójimo.

El *sano egoísmo* es, en resumen, el amor por sí mismas de las personas sanas.

El *malsano egoísmo* es el falso amor por sí mismos que proclaman los que son incapaces de comprometerse con el amor a otros.

La aventura de ser tú

Más allá de algunas diferencias mínimas y poco observables, en la altura, el peso, el tono de piel o el color de los ojos, todos nacemos idénticos a los demás bebés que han nacido ese día. Pero a medida que pasa el tiempo, interna y externamente nos vamos distinguiendo progresivamente de esos otros niños, compañeros de futuros cumpleaños.

Con los años nos volvemos cada vez más únicos, en la medida en que empezamos a definirnos como individuos. Este tránsito no sólo nunca es del todo sencillo, sino que, además, se complica a cada momento.

En los primeros meses, bastaba con nuestros instintos para saber cómo actuar, en quién confiar o dónde buscar, pero antes del año ya nos vimos obligados a entremezclarlos con algunos apetitos, la memoria de nuestro cuerpo y no pocas "necesidades" creadas por nuestro entorno.

Al intentar compatibilizar toda esta información, en nuestra primera infancia aprendemos cómo ser y qué hacer, basándonos, sobre todo, en la experiencia, un recurso que nos hace saber qué es bueno y qué no, para conseguir lo que necesitamos: comida, cuidado, atención, afecto, caricias...

La experiencia es útil para encaminarnos en lo que hacemos, aunque para bien y para mal, no consigue determinar todo lo que en realidad somos.

Se podría decir que existen, por lo menos, dos tipos de identidad, a veces coexistiendo y otras peleando dentro de nosotros:

la propia, natural, elástica, cambiante y permanentemente en proceso;

y la que, por mandato, nos han inculcado otros, rígida y previsible, desarrollada mucho por la educación y muy poco por la propia evolución.

Cuando, de forma malintencionada o no, se confunde *identidad* con *identificación*, la manera de ser se diseña sobre la idea de un "deber ser", siguiendo un determinado modelo externo.

Cada día vemos a nuestro alrededor cómo cientos de miles de niños y jóvenes —que, paradójicamente aparecen defendiendo a ultranza el derecho y la necesidad de tener su propia identidad— deciden seguir el modelo de la mayoría, manipulada, gran parte de las veces, por la publicidad de aquellos que quieren venderles sus productos de moda.

Desde afuera, es sencillo darse cuenta del peligro que implica el hecho de que un determinado modelo, manipulado socialmente, termine insertado como un mandato "globalizado" y uniforme en toda una generación.

Una identidad falsa como la descrita es el motivo de la falta de dinamismo de algunas personas, ya que no es la consecuencia de un crecimiento interno, sino el resultado final de un coctel de introyecciones y condicionamientos que otros han configurado para ellos.

Si tuviera que ponerte un ejemplo más cercano, te diría que la falsa identidad es como un niño demasiado adaptado, preso de la influencia y la manipulación, víctima de la opresión del sistema que lo condiciona. Un ente estable y previsible, tan manejable como un animal amaestrado para un circo, y que aunque lo haga "todo bien" no puede llegar al mejor de sus puertos: el de ser el mejor ser humano que puede ser.

Es evidente que mi "yo" amaestrado representa una especie de cárcel elegida por defecto o adquirida sin elección. Pero sin esos mandatos, ¿quién soy?

El domador se siente con el derecho, cuando no con la obligación, de forzar a sus animales a aprender qué es lo que deben hacer. Pero que a nadie se le escape —tanto en el caso del domador como en los demás casos de dominio— que "hacer algo correctamente" es equivalente a "hacerlo como al domador se le ocurra que está bien hacerlo".

Si pretendes la admiración y los halagos de la sociedad a la que perteneces, tendrás que vivir de acuerdo con los valores —reales o falsos— de esa mayoría de la que esperas el aplauso, ya que para muchas personas, según aseguraba el escritor estadunidense Ambrose Bierce, la admiración es tan sólo la expresión que confirma que el otro piensa como uno.

> La verdadera identidad sólo se puede hallar recorriendo el camino que va justamente en la dirección opuesta a la de la búsqueda del aplauso.

Planteado como pregunta existencial: en la cima de una montaña desierta, en medio de un bosque, como único habitante de un planeta o solo en una isla desierta... ¿quién eres tú?

Sin nadie que mire, juzgue u opine... ¿quién eres?

Si no hay nadie cerca a quien obedecer, nadie para apreciarte o condenarte, si no hay nadie para aplaudirte ni abuchearte... ¿quién eres?

Rabindranath Tagore escribió un hermoso relato sobre el tema que nos ocupa.

Buda se disponía a regresar al palacio de su padre tras doce años de vagar por los bosques llevando una vida espiritual, comiendo lo que hallaba, mendigando y meditando. Hacía poco que, sentado bajo un árbol, había llegado al regocijo supremo. Se había iluminado. Y lo primero que recordó al descubrir la verdad fue que tenía que volver al palacio para comunicar la buena noticia a la mujer que lo había amado, al hijo que había dejado atrás y al anciano padre que cada día esperaba que volviera.

Después de doce años, Buda regresó al palacio para encontrar a su padre, que lo recibió terriblemente enojado:

—Soy un anciano y estos doce años han sido una tortura. Tú eres mi único hijo y he intentado seguir vivo hasta que regresaras. Has cometido un pecado contra mí, casi me has asesinado, pero te perdono y te abro las puertas. Pero quiero que sepas, hijo, que me llevará mucho tiempo terminar de perdonarte.

Buda se rio y dijo a continuación:

—Padre, date cuenta de con quién estás hablando. El hombre que dejó el palacio ya no está aquí. Murió hace tiempo. Yo soy otra persona. ¡Mírame!

Entonces su padre se enojó aún más. El viejo hombre no podía ver quién era Buda, ni aquello en lo que su hijo se había convertido. No pudo ver su espíritu, que era tan claro para otros.

El mundo entero se daba cuenta, pero su padre no podía verlo, quizá como le pasaría a cualquier padre.

Él lo recordaba con su identidad de príncipe, aunque esa identidad ya no estaba ahí. Buda había renunciado a ella. De hecho, Buda dejó el palacio precisamente para conocerse a sí mismo. No quería distraerse con lo que los demás esperaban de él. Pero su padre lo miraba ahora como si no hubiera pasado el tiempo, con los ojos de hacía doce años.

—¿Quieres engañarme? —dijo—. ¿Crees que no te conozco? ¡Te conozco mejor de lo que nadie te pueda llegar a conocer! Soy tu padre, te he traído al mundo; en tu sangre circula mi sangre, ¿cómo no voy a conocerte? Soy tu padre y, aunque me hayas herido profundamente, te quiero.

Buda respondió a su padre:

—Aun así, padre. Por favor, comprende. Soy parte de ti, pero eso no significa que me conozcas. Hace doce años ni siquiera yo sabía quién era. ¡Ahora lo sé! Mírame a los ojos. Por favor, olvida el pasado, sitúate aquí y ahora.

El padre casi estalló en cólera.

—¿Ahora? Ahora estás aquí. ¡Toma, hazte cargo del palacio, sé el rey! Aunque a ti no te interese, eres mi hijo. Déjame descansar. Ya es hora de que yo pueda descansar y tú me releves.

Buda bajó la cabeza y le dijo:

—No, padre, lo siento...

El padre hizo una pausa y su enojo se fue transformando en dolor.

—Te he esperado durante todos estos años y hoy me dices que no eres el que fuiste, que no eres mi hijo, que te has iluminado... Iluminado... —dijo, mientras se enjugaba las lágrimas de los ojos—. Respóndeme, por lo menos, a una última pregunta: sea lo que sea que hayas aprendido por el mundo, ¿no hubiera sido posible aprenderlo aquí, en el palacio, a mi lado, entre tu gente? ¿Sólo se encuentra la verdad en el bosque, lejos de tu familia, de las personas que quieren lo mejor para ti?

A lo que Buda respondió de inmediato:

—La verdad está tanto aquí como allí. Pero hubiera sido muy difícil para mí descubrirla sin moverme de aquí, porque me encontraba perdido en la identidad de príncipe, de hijo, de marido, de padre, de ejemplo. No fue el palacio lo que abandoné, ni a ti, ni a los demás, sólo me alejé de la prisión que era mi propia identidad.

Solamente después de deshacerse de su identidad prestada, condicionada por su educación, por las normas sociales y por los mandatos de aquellos que más lo amaron, descubrirá el ser humano —incluso alguien tan elevado como fue Buda—, que está en condiciones de disfrutar de su propio ser.

Por supuesto, para descubrir la propia identidad, no es necesario huir, dejar tu casa, tu familia y tu ciudad. Esto es sólo metafórico, *lo único imprescindible es darte cuenta de la persona que tú eres, sin lo que ven o quisieran ver en ti los demás, sin comparaciones ni condicionamientos, única, diferente y trascendente.* Consciente de esto todo el tiempo, estarás, por fin, libre de toda dependencia y podrás asumir la responsabilidad necesaria para habitar por completo el verdadero tú.

Afán de superación

Es indudable que soplan vientos inquietantes a nuestro alrededor. Nubes oscuras presagian tormentas y algunos ríos revueltos amenazan con salirse de curso. Es tiempo de estar alerta y de templar nuestras capacidades, de afinar recursos y poner todo lo que somos para atravesar los malos momentos que parecen acecharnos. Es tiempo de confiar en nosotros y en los que nos rodean. Tiempo de unirnos y sostenernos para traspasar las dificultades que nos presenta la realidad económica de nuestro país y del mundo. Tiempo para hacer todo lo que sabemos y podemos para superar las dificultades, y para aprender lo que aún ignoramos, con la disposición y la certeza de que somos capaces de asumir nuestro destino, aun a costa de algunos sinsabores.

1. En el *lenguaje coloquial*, superar significa "pasar de algo malo a algo bueno", "de algo bueno a algo mejor" y "de algo mejor a algo mejor todavía". Un camino sin límites hacia el techo de nuestras posibilidades, si es que existe este límite, pues, como afirma el saber popular, "siempre se puede estar mejor" (mi padre, entre risas, se ocupaba de agregar, no sin algo de razón: "y siempre se puede estar peor").

2. En un *sentido más existencial*, vinculado a la inserción social del ser humano, el afán de superación puede y debería entenderse como una fuerza interna que nos empuja a no quedar prisioneros de la adversidad; una disposición a luchar por estar en el mejor lugar posible, y también, cómo no, un deseo de ser mejores (comprendiendo siempre

que ese "ser mejores" se refiere exclusivamente a la comparación con uno mismo).

No hablo de ganar más dinero, o por lo menos, no hablo sólo de eso.

Tampoco hablo de ser el más guapo o la más guapa, o por lo menos, no hablo sólo de eso.

Y de ningún modo hablo de tener más poder en ninguna de sus formas.

Hablo de la determinación de ser una mejor persona cada día, teniendo como referencia y punto de partida básicos una honesta evaluación de quién soy yo en cada momento. Porque...

> ¿Cómo podría mejorar si no me sé?
> ¿Y cómo podría saberme si ni me miro?
> ¿Cómo podría empezar a cambiar en una dirección
> determinada, por deseable que ésta sea,
> sin saber de dónde parto?

Algunas personas, muy afortunadas, aprenden a escucharse a sí mismas muy pronto, son capaces de identificar qué las hace felices y qué es lo que verdaderamente les entusiasma; son hombres y mujeres cuyo firme deseo de superación les permite tener la certeza de que son capaces de asistir o de crear las circunstancias que necesitan para que algunos de sus sueños puedan hacerse realidad.

Son personas que confían en su elección, que se comprometen con ella, que están dispuestas a pagar el precio necesario, que son capaces de renunciar a cierto grado de placer en pos de conseguir un fin superior.

Pongamos un simple ejemplo, quizá demasiado simple: está claro que estudiar mientras se trabaja, para ganarse, literalmente, el pan de cada día, implica renuncias y postergaciones nada gratas a corto plazo; pero, aunque nada puede garantizar el éxito final, quien se anima a hacerlo apuesta con pasión a que esta "inversión" de tiempo, robado de actividades más placenteras, multiplicará sus posibilidades en el futuro.

3. Finalmente, desde nuestro más humilde *lenguaje profesional*, limitado a lo que sucede de la piel hacia dentro, también hablamos de *superación* cada vez que nos referimos a la lucha por vencer aquellos aspectos de nuestra personalidad que no son constructivos ni bondadosos. Son esos esquemas y modelos que usualmente llamamos "negativos" y que terminan en la mirada pesimista, la desconfianza, la agresividad, el resentimiento o el recelo; se nutren de nuestra historia y nuestros mandatos, pero se actualizan cada día en los vínculos tortuosos con el entorno que, como en el mito del uróboros (la serpiente que se comía su propia cola), se complican más y más, precisamente por esto.

Te cuento un cuento:

Un joven guerrero pide audiencia con el cacique. El jefe de la tribu tiene fama de ser muy sabio y tener una respuesta para todo. Una vez frente a él, el joven le confiesa que está muy inquieto, que siente que en su interior anidan el espíritu de un águila y el de un chacal, y que siempre están en lucha.

—Cuando el águila toma el mando, soy capaz de pelear por lo mío, soy fuerte, ambicioso y puedo alimentar a otros con lo que cazo. Pero cuando aflora el chacal, todo me da miedo, vivo de las sobras que dejan los demás y creo que debo conformarme con ellas, porque soy incapaz de procurarme algo mejor. No me molestaría verlos ante mí y aceptar que tengo algo de cada uno. Lo que pasa es que, a veces, me pregunto, cuando se enfrenten en lucha a muerte... ¿Quién ganará?

Entonces, el cacique le dice:

—Sé que te gustaría escuchar de mi boca que el águila será la ganadora, porque ese aspecto te gusta más, y te confieso que a mí también, pero soy el jefe de la tribu y tengo la responsabilidad de decirte la verdad... Si algún día se enfrentan, va a ganar aquel de los dos a quien más hayas alimentado. Esto solamente dependerá de ti.

> Cultivar las cualidades opuestas a las
> que menos nos sirven, o que nos impiden
> volvernos mejores personas, es siempre
> el comienzo de una vida mejor.

No se trata del esfuerzo de cambiar, sino de la conquista disciplinada y la firme decisión de ejercitar aquellos aspectos y formas que ya están en nosotros, aquellas partes de nosotros que nos permiten el desarrollo de nuestro potencial más constructivo.

Quizá te sorprenda escuchar que todas esas cosas mejores ya están en cada uno de nosotros. Quizá me cuestiones argumentando que seguramente hay miles y miles de personas que no han cosechado ni recibido nada que les parezca bueno y que, enfermos de odio o resentimiento, únicamente han dejado crecer sus aspectos más oscuros. Es posible, incluso, que creas que tú, en cierto modo, careces de las virtudes del águila y no tienes más remedio que ser como el chacal del cuento.

Pero sin saber de qué hablas, me animo a asegurarte que no es cierto. Nunca lo es. Nadie es solamente hostil, solamente pesimista, solamente perezoso o solamente amargo. Y esto es algo que los médicos en general y los terapeutas en particular sabemos y usamos en nuestra tarea de ayudar a nuestros pacientes. Solemos referirnos a ello como la conducta estratégica de aliarnos con los mejores aspectos de nuestro paciente —con su lado más sano o con sus partes más maduras— para que nos ayude a ayudarlo a vencer su enfermedad, sea ésta física, mental o espiritual.

A pesar de esto que digo, no niego que algunas personas que conocí afirmaban con rotundidad que "no podían" hacer casi nada, que todo les salía siempre mal, que fracasaban, una y otra vez, hicieran lo que hicieran.

Este planteamiento de vida, catastrófico y de "perdedor" siempre está relacionado con una falsa percepción de uno mismo, y es producto de inhibiciones adquiridas, mandatos infantiles, modelos erróneos, sin duda tóxicos y equivocados. Nadie, absolutamente nadie "lo hace todo mal". Nadie es tan inútil como para asegurar, con auténtica sinceridad, que "No puede hacer nada". Una vez más, como dijimos en otro momento, se trata de salir del callejón sin salida por el mismo lugar por el que entramos. En este caso eso significará tomarse el trabajo, que muchas veces requiere ayuda, de cuestionar la veracidad de esas pautas aprendidas y reemplazarlas por otras imágenes de uno mismo más positivas y reales, aunque esto implique, como casi siempre sucede, rebelarse contra el legado de algunas de las personas que más nos han amado.

CAPÍTULO 2

Vivir con un propósito

El universo nos ha regalado una vida y cómo la utilicemos es responsabilidad nuestra únicamente. Por ello, cada día debería convertirse en una oportunidad para experimentar nuestra condición humana, desde la plena conciencia y con un objetivo claro: aprender de la belleza y vicisitudes del camino, forjando a cada paso nuestro mejor yo.

El camino de la felicidad

¿Existe la felicidad? ¿Es un mito, una abstracción o algo que efectivamente se puede alcanzar? Y si es posible conquistar la felicidad, ¿alcanzarla de qué depende? ¿De lo que cada uno haga? ¿De las circunstancias que nos rodean? ¿O de lo que el azar acerque a nuestra vida?

Por alguna razón, quizá previsible, el tema de la felicidad estuvo durante muchos años ausente de los textos de casi todos los maestros de la psicología y de la filosofía. Es evidente que no se debía a que fueran sólo unos pocos los interesados en ser felices; más bien parecía que casi todos (filósofos y terapeutas incluidos) coincidían en que no había nada que agregar a lo que el sentido común informaba. A partir de esa premisa (falsa, por cierto), tocar oficialmente el tema era una garantía de necedad y de poca profundidad.

Afortunadamente, en la última década el tema se ha vuelto nuevamente básico para todos los que estudiamos con fines prácticos y positivos la condición humana. A nosotros nos importa saber qué es la felicidad, y a los que nos escuchan y leen les importa saber más sobre cómo conseguirla.

La felicidad se suele asociar con alegría, con risas, con placer, con posesiones materiales, con confort y con lujos; y por eso muchas personas en el mundo, persiguiendo el supremo bienestar, luchan cada día y se esfuerzan por acumular la mayor cantidad posible de todo, creyendo que así conseguirán ser felices. Y sin embargo, conocemos a gente que posee más dinero del que podríamos soñar, una vida envidiable y posesiones que quisiéramos que por lo menos compartieran con nosotros, pero que muchas veces declara que no es feliz. Entre estas personas existen también los suicidios, las enfermedades psicosomáticas, la depresión y, también y sobre todo, la droga-dicción, el abandono de sí mismos y las rupturas familiares.

En la Grecia antigua, la pelea de la época se planteaba ya en términos extremos: ¿era la felicidad patrimonio exclusivo de aquellos capaces de enfrentarse a su destino con vocación de sacrificio y fortaleza para soportar el sufrimiento inevitable, como defendían los estoicos? ¿O bien la felicidad era propiedad de aquellos que, siguiendo a Epicuro, vivían en las bacanales, disfrutando de todos los placeres terrenales y en un festejo casi permanente, dándose el permiso de vivir como los dioses, como su maestro pregonaba?

Comencemos aquí por establecer un punto para mí incuestionable, aunque está lejos de ser universalmente aceptado:

> La felicidad es un hecho, algo real, posible y asequible,
> y no un horizonte inalcanzable ni una referencia virtual...
> siempre y cuando seamos capaces de abandonar a priori
> la asociación irremediable que hacemos de ella con el placer,
> la risa, la alegría o el jolgorio.

Y digo más, la felicidad es factible siempre y cuando no esté forzosamente sujeta a lo que nos está pasando en este momento.

A partir de esto, podemos y debemos trabajar en sincronía con nuestro deseo de ser felices, vaciándonos de tabúes y de prohibiciones, tanto reales como imaginarios, tanto externos como internos. Debemos ocuparnos de desarmar las trampas que aprendimos a ponernos, y dejar atrás, si es posible en el olvido, los hábitos malsanos que no nos dejan disfrutar de la vida y que impiden que seamos todo lo felices que podemos y que merecemos.

Me gusta pensar en la felicidad como una conjunción de dos factores:

1. La elección comprometida de un camino.
2. Una forma determinada de recorrerlo.

Y poco más... Seguramente por eso discuto con los que piensan en ella como un lugar de llegada o como un logro personal.

La felicidad no está tanto en el éxito de haber alcanzado el objetivo que me impuse, como en el hecho de haber disfrutado del recorrido.

Hasta podría decir que para mí, al menos esa sensación placentera está actualmente más ligada a la serenidad que al goce. Si no fuera así, bastaría con imitar al estúpido señor que compra un par de zapatos dos números más pequeños que el tamaño de sus pies y se relame pensando en lo feliz que será cuando llegue a su casa y, por fin, sienta en solitario el placer de quitárselos.

La verdadera felicidad poco y nada tiene que ver con nuestras posesiones, por lo menos con aquellas que se pueden comprar con dinero...

Había una vez un rey cuya riqueza y poder eran tan inmensos, tan inmensos, como eran de inmensas su tristeza y desazón.

—Daré la mitad de mi reino a quien consiga ayudarme a sanar las angustias de mis tristes noches —hizo saber un buen día.

Quizá más interesados en el dinero que podían conseguir que en la salud del rey, los consejeros de la corte decidieron ponerse en campaña y no detenerse hasta encontrar la cura para el sufrimiento real. Desde los confines de la tierra mandaron traer a los sabios más prestigiosos y a los magos más poderosos de entonces, para ayudarlos a encontrar el remedio que tanto anhelaban para recuperar a su majestad.

Pero todo fue en vano, nadie sabía cómo sanar al monarca.

Una tarde, finalmente, apareció un viejo sabio que les dijo:

—Si encontráis en el reino un hombre completamente feliz, podréis curar al rey. Tiene que ser alguien que se sienta totalmente satisfecho, que nada le falte y que tenga acceso a todo lo que necesita. Cuando lo halléis —siguió el anciano—, pedidle su camisa y traedla al palacio. Decidle al rey que duerma una noche entera vestido sólo con esa prenda. Os aseguro que por la mañana despertará curado.

Los consejeros se abocaron de lleno y con completa dedicación a la búsqueda de un hombre feliz, aunque sabían que la tarea no resultaría fácil.

En efecto, el hombre que era rico, estaba enfermo; el que tenía buena salud, era pobre. Aquel rico y sano, se quejaba de su mujer, y ésta, de sus hijos.

Todos los entrevistados coincidían en que algo les faltaba para ser totalmente felices, aunque nunca se ponían de acuerdo en aquello que les faltaba.

Finalmente, una noche, muy tarde, un mensajero llegó al palacio.

Habían encontrado al hombre tan intensamente buscado. Se trataba de un humilde campesino que vivía al norte, en la zona más árida del reino.

Cuando el monarca fue informado del hallazgo, lleno de alegría mandó que le trajeran de inmediato la camisa de aquel hombre, a cambio de la cual deberían darle al campesino cualquier cosa que pidiera.

Los enviados se presentaron de inmediato en la casa de aquel hombre para comprarle la camisa y, si era necesario —se decían—, se la quitarían por la fuerza... El rey tardó mucho en sanar de su tristeza. De hecho, su mal se agravó cuando se enteró de que el hombre más feliz de su reino, quizá el único totalmente feliz, era tan pobre, tan pobre, tan pobre... que no era dueño ni siquiera de una camisa.

No hay fórmulas mágicas ni recetas infalibles para conquistar la felicidad. Pero sí hay un primer paso a realizar: *ser conscientes de que existe una felicidad posible y necesaria.*

Mi querido amigo y maestro, el escritor argentino Marcos Aguinis me dijo una tarde, mientras compartíamos el viaje de vuelta a Buenos Aires: "Me gusta esa idea tuya de la felicidad como camino. Hay muchos que definen la vida misma como un rumbo sin puerto... No se dan cuenta de que el puerto es justamente el final de la vida".

La felicidad, para un buscador como yo (y como tú también eres) es recorrer el camino, animarse a descubrir la vida cada día, atreverse a vivirla, tocarla y también —¿por qué no?— atrevernos a sentir el dolor cuando nos llega.

Es más, no creo que se deje necesariamente de ser feliz cuando nos sucede algo triste y doloroso. Creo que se puede estar triste sin necesidad de sentirse infeliz, una cosa bien diferente.

La felicidad es más que una ilusión de los poetas, mucho más que una promesa de los dirigentes y, definitivamente, mucho más que el mejor sueño que hayan podido tener nuestros padres.

Para mí es la serenidad que se siente cuando se tiene la certeza de estar en el camino correcto, avanzando con placer en la dirección elegida. La felicidad no está atada a pasarla bien, ni a estar todo el día riendo, bailando o cantando. En todo caso, estirando la metáfora,

la felicidad no está en el hecho de entonar una bella canción,
sino en saber que soy capaz de disfrutar de cada nota
mientras canto.

En busca del sentido

Según cuentan los estudios realizados en los despachos privados de los psicoterapeutas, y en consultorios y servicios de hospitales públicos que prestan asistencia en trastornos psicológicos, un tercio de las personas que van a consulta pidiendo ayuda lo hace por la falta de sentido en sus vidas.

Fue Viktor Frankl, padre de la logoterapia, el primero que llamó la atención de los terapeutas hacia el sentido de la vida, alguien que personalmente no había tenido una existencia sencilla ni carente de situaciones dramáticas. Frankl fue capturado por los nazis durante la Segunda Guerra Mundial y recluido en un campo de concentración por su condición de judío.

Allí, en los campos de exterminio, este médico vienés observó que los prisioneros que sobrevivían eran, casi exclusivamente, los que de una manera u otra habían conseguido encontrar un propósito en sus restringidas y miserables condiciones de vida dentro del campo.

Al convivir con el horror, el doctor Frankl se dio cuenta de que la gente necesitaba un propósito, aunque fuera minúsculo, para mantener su voluntad de vivir. Fue en cautiverio donde decidió aplicarse ese descubrimiento; se impuso a sí mismo el desafío de relatar la experiencia de los prisioneros y de la importancia de tener un motivo para vivir. Construir ese relato le proporcionó un sentido a su existencia y lo llevó, según sus propias palabras, incluso a intercambiar la mitad del poco pan que recibía por una sábana rota donde seguir con sus anotaciones para su investigación.

Viktor Frankl explica en *El hombre en busca del sentido* (Herder) que, si bien los guardias del campo controlaban todos los aspectos de la vida y la muerte de los prisioneros —incluyendo su humillación, tortura o asesinato—, había algo que eran incapaces de controlar: la forma de reacción de cada recluso. De esta respuesta —dice el autor— dependía su supervivencia.

Siempre puede encontrarse un sentido a la vida, en toda condición y bajo cualquier circunstancia, aunque seguramente sea mucho más fácil en nuestro acomodado modo de vida que en los campos de exterminio nazis, sobre todo porque utilizaremos este propósito para engarzar en él una cotidianeidad más plena y feliz, y no sólo la supervivencia.

Para determinar cuál es el sentido de nuestra vida y alinearse en esa dirección es necesario establecer con claridad la diferencia que existe entre una *meta* y un *rumbo*, entre el *objetivo* y el *sentido*; conceptos que, si bien son elementales, muchas veces pasan desapercibidos o se confunden.

Con el fin de explicar de una forma más gráfica esta diferencia, inventé hace algunos años la siguiente historia que ninguno de los pacientes que alguna vez pasó por mi consultorio pudo librarse de escuchar...

Un señor sale del puerto de su ciudad, digamos Buenos Aires, para navegar con su velero en un hermoso día de otoño. Como zarpa solo y se trata de una pequeña excursión, no lleva alimentos ni localizador ni radio.

De repente, una terrible tormenta lo sorprende y lo lleva descontrolado mar adentro. Balanceado y castigado por el viento y la lluvia torrencial, el hombre ni siquiera puede darse cuenta de hacia dónde está siendo arrastrado su barco. Por temor a resbalar por la cubierta, echa el ancla y se refugia en su camarote hasta que la tormenta amaine un poco.

Cuando el viento se calma, el hombre sale de su refugio y recorre el velero de proa a popa. Revisa cada centímetro de su nave y se alegra al confirmar que está entera. El motor se enciende, el casco está sano, las velas, intactas, el agua potable no se ha derramado y el timón funciona como siempre. El navegante sonríe y levanta la vista con intención de volver a puerto. Otea en todas las direcciones, pero lo único que ve es agua. Se da cuenta de que la tormenta lo ha conducido lejos de la costa y de que no sabe dónde está. Toma conciencia de que se ha perdido. Empieza a desesperarse y, en un momento dado, se queja en voz alta gritando:

—Estoy perdido. ¡Qué barbaridad!

Y se acuerda, como a veces pasa lamentablemente sólo en esos momentos, de que él es un hombre educado en la fe, y mirando al cielo, dice en voz alta:

—Dios mío, estoy perdido. Ayúdame, Dios mío, estoy perdido...

Aunque parezca mentira, se produce un milagro: el cielo se abre —un círculo diáfano aparece entre las nubes— y un rayo de sol ilumina casi exclusivamente el velero, como en las películas. Misteriosamente se escucha una voz profunda (¿Dios?) que le responde:

—¿Qué te pasa?

El hombre se arrodilla frente al milagro e implora lloroso:

—Estoy perdido, no sé dónde estoy, ilumíname, Señor. ¿Dónde estoy, Señor? ¿Dónde estoy?

De repente, la voz, en respuesta a aquella llamada desesperada, dice:

—En estos momentos estás a 38 grados latitud sur y 29 grados longitud oeste.

—Gracias, gracias... —dice el hombre más que emocionado por lo sucedido.

Pero pasada la primera alegría, piensa durante un rato y se inquieta retomando su queja:

—¡Estoy perdido, Dios mío! ¡Estoy perdido! —se da cuenta de que con saber dónde uno está no se deja de estar perdido.

—¿Qué pasa? —dice de nuevo la voz celestial.

—Es que en realidad no me basta con saber dónde estoy. Lo que me tiene perdido es que no sé hacia dónde voy.

—Vuelves a Buenos Aires —le responde.

Ansiosamente y antes de que el cielo comience a cerrarse, el hombre grita:

—¡Estoy perdido, Dios mío, estoy desesperado!

La voz le habla por tercera vez:

—¡¿Y ahora qué pasa?!

—Es que, sabiendo dónde estoy y a dónde quiero llegar, sigo tan perdido como antes, porque ni siquiera sé dónde está ese puerto.

La voz celestial empieza a decir:

—Buenos Aires está a 38 grados latitud sur y 29 grados...

—¡No, no, no! —interrumpe el hombre.

—Pero tú me pediste... —replica la voz.

—Sí Dios... yo sé lo que te pedí, pero ¿sabes qué pasa? Que acabo de comprender que no basta con saber dónde estoy y adónde voy. Necesito saber cuál es el camino para llegar. Por favor, Dios mío, por favor...

En ese instante, cae desde el cielo un pergamino atado con una cinta celeste. El hombre extiende el papel y encuentra dibujado con toda claridad un mapa. Arriba y a la izquierda hay un puntito rojo que se enciende y se apaga con un letrero que dice: "Usted está aquí". Abajo a la derecha un punto azul donde se lee: "Buenos Aires". Y en un tono amarillo fosforescente, una línea, rodeada de varios círculos con indicaciones: remolino, arrecifes, piedrecitas, viento fuerte de acá y de allá... Se trata de una ruta que une aquellos puntos: el camino a seguir para llegar a destino.

El hombre, por fin, se pone contento. Se arrodilla, se santigua y dice:

—Gracias, Dios mío, gracias.

El marino leva anclas, estira la vela, mira el mapa, observa para todos lados... y vuelve a gritar una vez más:

—¡Estoy perdido, sigo estando perdido!

Por supuesto. Claro que el pobre hombre sigue estando perdido: lo único que ve es agua y toda la información no le es suficiente porque no sabe hacia dónde debe encaminar su travesía.

En esta historia, el hombre tiene conciencia de dónde está, sabe cuál es la meta, conoce el camino que une el lugar donde está y la meta a la que se dirige y, sin embargo, le falta algo para dejar de estar perdido: saber hacia dónde. Seguramente, una brújula le proporcionaría esta información.

Una vez más, sabiendo uno dónde está y a dónde va, teniendo un mapa con todos los detalles precisos del entorno, seguramente no sabrá en qué dirección viajar si no puede fijar el rumbo. Pero como dijimos, el rumbo es una cosa y la meta es otra. La meta es el punto de llegada; el camino es cómo llegar. El rumbo es la dirección, el sentido; y el único dato que te permite asumir que no estás perdido en la inmensidad del océano.

Si uno entiende la diferencia entre el rumbo y la meta, empieza a comprender muchas otras cosas, entre ellas la definición de la felicidad, que tantas veces repito:

> **la felicidad es la serenidad de saberse en el camino correcto, la tranquilidad interna de quien sabe hacia dónde dirige su vida.**

En la vida, las metas son como puertos a donde llegar y saber el camino es un recurso para avanzar en el mapa que aporta la experiencia. Que nadie dude de la importancia de saber dónde está; pero, sin dirección, no hay rumbo, y la dirección sólo puede aportarla el sentido que decidas darle a tu existencia.

Saber ser optimista

Hasta hace tres décadas era difícil escuchar a las personas hablando en términos de "autoestima", "poner límites", "realizarse" o "fluir". Hoy es igual de improbable escuchar una conversación entre amigos sin que alguna de estas palabras, propias de la psicología, aparezca en sus bocas. Mientras algunas de estas expresiones siguen ganando consenso, otras (afortunadamente) van cayendo en desuso. Algunas de las hoy despreciadas —como "catarsis", "libido" o "transferencia"—, después de haber gozado de una época de máxima gloria, fueron desprestigiadas posteriormente por los intelectuales ilustrados que consideraron, con algo de razón, que el uso popular las había vaciado de significado.

Unas más se han desprendido de la ciencia, y su uso vulgar las ha transformado en insultos no descriptivos como "neurótico", "histérica" o "paranoico". Y hay aún un cuarto grupo de vocablos: el de aquellos que siempre fueron de uso coloquial y fueron acusados por los pensadores del último siglo de ser palabras superficiales, de poca trascendencia, y que solamente pueden seguir utilizando los que no están a la altura de "los que de verdad saben". En este grupo se encuentran, claro, palabras como *felicidad*, *amor romántico* y, por supuesto, *optimismo*.

La desmitificación, el cuestionamiento y la revalorización de esta última palabra es justamente lo que te propongo en este libro.

Quizá sea bueno empezar por puntualizar que un optimista no es, como muchas veces se dice, alguien que simple y tozudamente asegura que todo irá bien, sin saber muy bien de qué habla. No me refiero tampoco al optimismo de aquellos que presuponen que todo resultará fácil, ni al de los que intentan convencerse o convencer a otros de que cerrando los ojos a los problemas, seguramente éstos desaparecerán.

Si buscamos más allá de las primeras definiciones que dan las enciclopedias, encontramos que en el origen latino de *optimismo* está óptimo, una palabra que no nos remite al resultado ideal, sino a obtener de nuestra intervención el mejor resultado posible. Alguna vez escuché que para algunos la palabra se relaciona también con la raíz de *opus* (trabajo); después me enteré que para los filólogos no es así. Pero me gusta la asociación que señala el hecho de que un optimista sabe y acepta que hay un trabajo por hacer y está dispuesto a hacerlo.

En resumen, un optimista es alguien que tiene la certeza de que todavía queda trabajo por hacer y que vale la pena abocarse a él con entusiasmo y dedicación.

Es verdad que, en general, los optimistas prevén resultados favorables, pero no lo hacen apoyados en una especie de mágica resolución espontánea de los problemas o dificultades, sino basándose en su personal mirada positiva y en una desdramatizada interpretación de los hechos externos.

Los optimistas auténticos realizan una evaluación realista de las amenazas, así como de las oportunidades. A ello suman una confianza inalterable en los propios recursos, en la efectividad de sus acciones y en la ayuda que se puede dar y recibir. Además, llevan a cabo todo ello sincronizando sus esfuerzos con el de las otras personas que los rodean.

En cambio, al individuo o a la sociedad pesimistas les pesan tanto las agoreras profecías propias y ajenas que la carga les impide pensar en función de la acción. El pesimista presupone que nada de lo que realice mejorará la situación. Entonces no pone la energía que la tarea necesita. Por hábito o por educación, el pesimista ha desarrollado una particular inclinación a interpretar negativamente los acontecimientos externos, desprecia los logros y los avances, y se centra únicamente en los conflictos, las dificultades y las pérdidas. Sin ninguna intención de revisar sus prejuicios, el pesimista ya ha decidido que "no hay nada que hacer". Por lo tanto, descarta cualquier punto de vista constructivo, aunque venga de la mano de quienes saben más o de quienes le quieren bien.

Es justamente la actitud del pesimista, que desde el principio asegura que el resultado será negativo, lo que acaba desencadenando el mecanismo de la profecía que se autocumple. Creo que todo irá mal, me desanimo, no actúo, no insisto, no busco, no cambio y no intento. Ya sé que todo lo anterior no ha funcionado, pero reniego de toda propuesta de diseñar nuevas soluciones.

Y tú, ¿qué actitud sueles mantener ante un reto? ¿Cuántas de estas frases podrías aplicarte? Léelas y podrás averiguar cuál es tu grado de optimismo.

1. Te cuesta comprometerte a fondo en muchas de las cosas que realizas.
2. Te irritan las críticas o tiendes a juzgarlas como malintencionadas.
3. Te asusta bastante pensar en perder el control sobre los acontecimientos.
4. Consideras que a veces no eres el verdadero responsable de tus acciones.
5. No te resultan fáciles los cambios y no te consideras intuitivo ni creativo.
6. No sientes necesidad de ayudar indiscriminadamente a los demás.
7. A veces renuncias a defender tu postura por la de la mayoría.
8. Asumes algunos riesgos innecesarios.
9. Dejas muchas cosas a medias.
10. Sueles dudar de tu capacidad de amar.
11. Eres bastante individualista y prefieres trabajar solo que en equipo.
12. Respetas sólo a quienes lo merecen.
13. Te cuesta perdonar de verdad.
14. Tratas mejor a quienes temes que a quienes te importan.
15. Luchas incansablemente por no sentirte por debajo de los demás.
16. Piensas que los optimistas son estúpidos o que no ven la realidad.
17. No tienes cosas para agradecer a la vida.

18. Te cuesta reírte de las tonterías con las que los demás se desternillan.
19. Si pudieras, borrarías de tu mente todas tus experiencias dolorosas.
20. No crees que exista seriamente un propósito en la existencia de cada uno que le da sentido y significado a sus acciones.

Si te has visto reflejado en más de la mitad de estos puntos, me atrevo a asegurarte que tu optimismo se sitúa en un nivel bajo, algo que puede perjudicarte en un futuro inmediato.

La ciencia observa, con sorpresa y de forma repetida, que las personas optimistas y que gozan de mejor humor no solamente cosechan más éxitos, sino que también tienden a ser más sanas y longevas. Es algo que confirman distintos estudios de la medicina moderna. Los optimistas son hombres y mujeres que logran encontrar un beneficio, aunque estén atravesando situaciones traumáticas o condiciones de vida difíciles.

Estas personas consiguen salir de estas vivencias con un mejor nivel evolutivo, como si el trauma les hubiera permitido desarrollar nuevos recursos. Esto resulta sumamente ventajoso, porque la dificultad los ha hecho más fuertes y, gracias a estas nuevas habilidades, podrán enfrentarse al futuro teniendo aún más posibilidades de éxito.

Así, sin tener casi contacto entre nosotros ni tampoco conocimiento de lo que otros colegas hacían, un centenar de hombres y mujeres hemos trabajado a la vez, tanto en el ámbito privado como en el hospitalario, y en países tan distantes como Estados Unidos, China, Argentina, Japón, Canadá y Australia, para construir entre todos una psicología nueva.

Se trata de una psicología de la salud que no se define por la ausencia de una patología demostrable, sino como una mirada hacia el desarrollo de los recursos de cada persona para el bien común y el progreso de todos. Éste ha sido el objetivo de muchos psiquiatras, psicólogos, médicos, sociólogos y filósofos de todo el mundo durante los últimos veinte años.

De esta forma han surgido nuevos conceptos como: la *terapia del creci-miento*, el *desarrollo de la calidad de vida*, la *búsqueda de la felicidad*, la *terapia de la comunicación humana*, la *psicología para sanos*, la *psicoterapia optimista*, la *terapia resilente* y —la más difundida— la *psicología positiva*, como la llama su creador, el doctor Martin E. P. Seligman, profesor jefe del Departamento de Psicología de la Universidad de Pennsylvania.

Ésta es sin lugar a dudas una línea de trabajo muy importante para los profesionales de la salud, a quienes sus pacientes sanos reclaman respuestas útiles y operativas. Pero no resulta menos relevante para maestros y padres, dada la trascendencia que puede tener educar y desarrollar el optimismo en nuestros hijos para que, a partir de ellos, éste pueda extenderse hacia toda la estructura social en un futuro.

Sólo siguiendo este enfoque nos parece posible, aunque sea lentamente, crecer en armonía con el mundo que nos rodea. Únicamente apoyados por una mirada optimista de la vida conseguiremos abandonar la resignación ino-perante y la queja permanente y sustituirla por una acción positiva.

La fuerza del deseo

ace poco tuve la oportunidad de asistir a una brillante re-creación de aquel antiguo espectáculo llamado *variété*, en un teatro improvisado montado en una vieja casona de un barrio lejano del centro de la ciudad. Entre parodias, recitadores, magos y malabaristas, un humorista, que parecía un *showman* salido de alguna antigua película estadunidense, hacía las veces de presentador y matizaba alguna que otra anécdota de su vida personal. En un monólogo delirante, el delgado e inexpresivo personaje, le contaba a la audiencia sus fallidas experiencias con el sexo opuesto. Al final de la historia relataba cómo su novia actual –según él, una rubia exuberante salida de una portada de *Playboy*– le había dicho mirándolo directamente a los ojos, después de humedecerse los labios con la punta de la lengua:

–Hoy, después del *show*, te paso a buscar... vamos a tu casa... y te hago todo, todo, lo que tú quieras.

Aparentando estar al borde del llanto, el *clown* miró suplicante al público y se lamentó:

–¿Y si yo no sé qué quiero?

Muchos reímos a carcajadas y aplaudimos a rabiar la fantástica humorada. Algunos más rápido que otros, nos dimos cuenta de que, en realidad, nos estábamos riendo de nosotros y no de lo que él decía; de nuestras propias situaciones de "no sé ni lo que quiero". Todos nos dimos cuenta, una vez más, y de ahí la risa, que

muy en el fondo (y a veces no tan lejos) no tenemos claro cuál
es nuestro deseo, qué estamos buscando o qué es lo que
necesitamos.

Este particular estilo de "autoignorancia" está, seguramente, relacionada con muchas cosas, pero imagino que ninguna de ellas es la de haber llegado "a tal grado de desarrollo espiritual como para renunciar a un ego que desee". Ojalá fuera ése tu caso, pero debo decirte que no es el mío ni el de la mayoría de las personas que conozco.

Nos enfrentamos todavía con obstáculos "terrenales" y nos valemos de diferentes argumentos para comprender y hacer saber qué nos pasa cuando no podemos darnos cuenta de nuestro propio deseo, como pretendiendo volver a aquellos años en los que nuestra madre sabía, mucho más claro que nosotros mismos, lo que necesitábamos y cómo procurárnoslo.

Para ayudarte a ver a qué categoría pertenecen las excusas que te pones para no estar en contacto con tus deseos —aunque sólo sea para que te rías de ti mismo—, te propongo la siguiente clasificación de los argumentos más usados por la gente; adaptables a casi cualquier condición, situación, cultura, sexo o religión (siempre son presentados en primera persona del plural, porque a nadie le gusta ser el único que no sabe disfrutar). Son:

1. Los argumentos de nosotros, los ABNEGADOS, que sentimos que no tenemos tiempo para nuestras apetencias porque antes de lo que deseamos siempre debemos pensar en alguna obligación.

2. Los de nosotros, los INDECISOS, que tenemos muchos deseos y estamos convencidos de que son contradictorios o incompatibles... y como no podemos elegir uno renunciando a los otros, preferimos no pensar en ello.

3. Los de nosotros, los que nos creemos tan FRÁGILES, que evitamos ilusionarnos para no tener después que soportar una frustración.

4. Los de nosotros, los DEVALUADOS, que sostenemos que nuestro deseo es demasiado pretencioso y algo injusto, teniendo en cuenta que hay otros que merecen acceder a él mucho antes.

5. Los de nosotros, los predicadores NIHILISTAS, que alardeamos explicando lo difícil que es hablar de "verdaderos deseos" en un mundo como éste, donde las condiciones cambian continuamente.

Y quizá podamos destacar hasta una sexta categoría, la peor de todas, la de nosotros los DEVALUADOS FRÁGILES NIHILISTAS ABNEGADOS e INDECISOS, que vamos variando de excusa y justificación, pero nunca nos animamos a conectar con lo que auténticamente deseamos y disfrutarlo.

Lo cierto es que la mayoría de las veces nuestro problema es simplemente que no estamos acostumbrados a estar en contacto con nuestros deseos. Los mandatos, la educación y la censura nos han entrenado en esa dirección, la de privilegiar lo que es correcto antes que lo deseado, priorizar la obediencia antes que la libre elección y jerarquizar el hábito antes que el impulso.

Nos hemos habituado a soñar únicamente con lo que la mayoría se permite soñar, fantasear nada más con lo que nos corresponde e ilusionarnos sólo con aquello que quienes nos quieren están dispuestos a ayudarnos a lograr.

No se trata ahora de echarles la culpa a nuestros padres, a la sociedad ni a la cultura, especialmente porque eso dejaría en ellos la responsabilidad de cambiarlo, y ésa es una idea que no nos sirve para nuestro propósito.

> **De lo que se trata es de tener claro que nuestros deseos son importantes y que tener conciencia de cuáles son resulta imprescindible.**
>
> *De todas maneras...*
> *Todo lo que no se sabe se puede aprender.*
> *Todo lo equivocado se puede des-aprender.*
> *Todo lo olvidado se puede re-aprender.*

A veces, en el consultorio, se nos pregunta qué hacer con el deseo de algo imposible. ¿Para qué conectarnos con él si, por ejemplo, lo sabemos irrealizable?

Conectarse con los propios deseos es necesario aunque sea para abandonarlos o cambiarlos por otros.

Aun suponiendo que eso no fuera posible o se volviera demasiado costoso, enfrentarnos con nuestros deseos y reconocerlos como propios nos servirá para conocernos más, para disfrutar de su presencia, para sentirnos vivos, para compartirlos, para transformar las metas, para inspirarnos o para reírnos de ellos y de nosotros. El éxito no es lo mejor que tienen para darnos nuestros deseos, sino su inagotable capacidad plástica.

Nuestros deseos son flexibles, descartables, acomodables y hasta postergables. Su única arista oscura quizá sea que son imprescindibles; porque el deseo está en medio de cada conducta, de cada acción, de cada logro.

Y digo que está en medio literalmente y no literariamente.

Todo proyecto, toda realización es engendrada a partir de un sueño primigenio; un sueño embrionario que, si anida en nuestra mente, llega a convertirse en fantasía y, de ahí, si lo evocamos con frecuencia y con placer, en ilusión. Después es cuando vienen el proyecto, el plan y la acción. Un camino que Aristóteles definía como el sendero que conduce de la potencia al acto.

Haya nacido en un sueño propio (de adentro, vocacional, apetente) o sea el resultado de un estímulo externo (una orden, un condicionamiento o una manipulación), el deseo siempre implica un "darse cuenta" adicional. Sé que soy yo quien lo quiere, dónde, cuándo, con quién y cómo.

Lo soñado —no importa quién lo haya imaginado por primera vez—, cuando lo hago mío, es íntimamente mío y eso comporta la mayor responsabilidad.

Allí entrarán en juego —si somos plenamente congruentes con nuestros deseos— nuestra mente, la razón, el talento y la experiencia, sin cuya participación no podríamos construir un proyecto en concordancia con ellos, ni determinar un objetivo hacia el cual encaminar los pasos, ni una meta a la que seamos capaces de vernos llegar, ni siquiera en el seno de nuestra imaginación. Quizá la mejor definición que podemos hacer de un proyecto positivo o realizable sea: "Un deseo que yo pueda visualizarme satisfaciendo".

Aunque de esta verdad algunos concluyan equivocadamente que basta con desear algo vehementemente y visualizarse consiguiéndolo para que suceda. (Una visualización creativa es, en todo caso, condición necesaria, pero no suficiente para la realización de nuestros deseos.)

Piénsalo sólo por un momento; todos, absolutamente todos, hemos sido antes de nacer nada más —y nada menos— que el sueño de alguien que alguna vez deseó tener un hijo o una hija y, sin embargo, es más que evidente que con sólo desearlo el embarazo no va a tener lugar, es necesario materializarlo con nuestra acción, llevándolo a la práctica.

Un rumbo cumple la función de ayudarnos a planear la manera de organizar nuestra acción, nos inspira y nos motiva, pero no garantiza el resultado.

Un proyecto futuro sostiene el comportamiento presente, siempre y cuando el deseo que le dio origen acompañe el plan y la acción hasta el final.

Sueños, deseos y proyectos son los encargados de darle un sentido profundo y trascendente a nuestra vida. Un sentido que no se determina tan sólo cuando los deseos son cumplidos, sino por todo lo vivido y todo lo intentado.

Hoy, tú y yo sabemos que
—afortunadamente—
no hemos conseguido ser
justo, justo,
como algunos querían...
pero sabemos también
que hay algunos que nos quieren
justo, justo...
como —afortunadamente— somos.

Avanzar en la vida

ace más de veinte años, cuando yo empezaba a publicar algunas de mis cosas y mi hijo Demián apenas aprendía a escribir sus primeras letras, tuve con él un pequeño diálogo muy esclarecedor en medio de nuestra habitual lectura compartida que hacíamos las noches de cada viernes. Una ocupación semanal que a veces duraba largas horas y que terminaba cuando uno de los dos se quedaba dormido (en general, yo). En el texto de esa noche, el pequeño ratón animaba a sus amiguitos para ir a enfrentarse a un malvado gato. "¡Adelante!", les decía.

–¿Sabes lo que quiere decir "adelante"? —le pregunté ingenuamente.

–Claro —me contestó de inmediato—. Adelante es hacia donde yo voy...

Muchos años me llevó darme cuenta de que la dificultad de ir hacia delante tiene siempre dos aspectos: por un lado, tener y saber utilizar las herramientas que necesitamos para avanzar y, por otro, haber tomado la decisión o haber descubierto hacia dónde vamos.

Y fíjate que digo *decidir,* pero también digo *haber descubierto hacia dónde vamos.* No porque crea que estos dos conceptos son incompatibles ni excluyentes, sino porque sé que en algunos casos,

la vida, los hechos, las circunstancias y los imprevistos se ocupan de mostrarnos un camino que sólo después de un tiempo podemos registrar y elegir.

Si tuviera que buscar las raíces de lo que hago y de cómo trabajo, diría que arranca con la afortunada situación de ser nieto de mis abuelos —uno árabe y el otro judío— que, a pesar de ser casi analfabetos, inundaron mi infancia de cuentos —uno con historias de los sufís, el otro con relatos talmúdicos de los *hassidim*—; y sigue con ser el hijo de unos padres no demasiado instruidos pero amantes absolutos de la lectura.

En la casa de mi infancia, mi padre mantenía con mi hermano y conmigo una postura irrevocable en este sentido: "En esta casa —nos decía—, no tenemos dinero para grandes salidas, ni para ropa de marca, ni para juguetes caros, pero siempre habrá dinero para libros."

Y así era. Cada vez que uno de los dos quería que le hicieran un regalo, sabíamos que la manera de obtener un sí seguro era pasar por la librería y elegir el libro que más nos gustara.

Cuando tenía diez años, me quedé fascinado con las revistas de cómics: *Batman*, *Superman* y *El Fantasma* (mis héroes favoritos) me ayudaban a soñar con las más grandes aventuras imaginarias. Pero la promesa de mi padre no incluía revistas... Así es que con mi cómplice incondicional de la infancia, mi primo Toti, nos escapábamos cada tarde para ir a vender calcetines en la estación de trenes. El dinero tenía siempre el mismo destino: comprábamos cada semana decenas de revistas usadas que se vendían en algunos pequeños locales de la terminal ferroviaria.

Vender en la calle es una experiencia increíble, por lo menos lo fue para mí cuando era un niño. Mostrar, ofrecer, fascinar, insistir, convencer... Un verdadero desafío para la comunicación.

A los catorce años, con un grupo de amigos formamos un grupo ambulante. Otros jóvenes tenían bandas de música o equipos de futbol, nosotros dábamos funciones gratuitas en hospitales e institutos geriátricos de Buenos

Aires. En esos espectáculos se mezclaban payasos, magia, canciones, danzas folclóricas, malabares… Nos llamábamos *Los Trotamundos de Floresta*, anticipando quizá el deseo de algunos, o de todos, de remontar el vuelo algún día.

Después vino la decisión de estudiar Medicina, creo que influido por la que fue la vocación frustrada de mi padre y por el deseo de hacer algo por aquellos niños a los que entreteníamos con nuestros *Trotamundos*. Pero estudiar no era del todo gratuito. Aunque la universidad era pública, los libros y los apuntes había que pagarlos en dinero contante y sonante.

Como me agobiaba la idea de depender económicamente de los magros ingresos de la casa paterna, los primeros años vendí afiliaciones a obras sociales casa por casa y, después, productos químicos industriales.

A media carrera, mi intención original de hacer pediatría tembló.

Al estar más cerca del sufrimiento de los niños, me di cuenta de lo duro que sería trabajar en ello y me asusté. Pensé, creo que con razón, que no lo iba a poder soportar. Por aquel entonces, a mis 19 años, le robaba un poco de tiempo al estudio y otro poco al sueño para dárselo al teatro.

Empujado por esa pasión, en esos años estudié algo de arte escénico y, apoyándonos en esos pocos conocimientos y en un cierto desparpajo, mis compañeros y yo montamos un elenco ambulante para presentar en pequeños escenarios de pueblo algunas obras de autores contemporáneos argentinos, y algunas menos, escritas por nosotros mismos, llenas de lugares comunes y finales más que predecibles.

No lo sabía en aquel momento, pero todo conducía en una dirección: mi interés por la salud de los que sufren, mi pasión por el teatro, mi interés por la comunicación y la psicología...

Me licencié en Medicina a los 23 años, ingresé en un hospital como residente de psiquiatría y me dediqué a estudiar psicología clínica, psicoanálisis y psicodrama. Pensaba que si era psicodramatista podría combinar todas las cosas que me gustaban: el trabajo con la salud, la psicología, el teatro...

La residencia me llevó a la docencia. El jefe de sala me pidió que fuera ayudante de la cátedra de Psicosemiología. Creo que gracias a esa experiencia conseguí empezar a trabajar en la clínica psiquiátrica de Vicente López y luego en el Instituto Privado de Psicopatología, en pleno centro de Buenos Aires. Así completé los cinco años de trabajo necesarios para ser reconocido como "especialista en enfermedades mentales" y pude pedir la habilitación formal para abrir mi primer consultorio privado.

No volveré a contar aquí cómo mis propios pacientes me animaron a escribir y cómo ellos mismos me empujaron luego a publicar. Todo confluyó para que las cosas se fueran dando de forma tal que el resultado fuera éste y no otro. Y el tiempo pasó.

Cuando tenía 57 años, escribí un libro que significó mucho para mí. Era contundentemente el resumen de todo lo aprendido hasta ese momento. Se llamó *Veinte pasos hacia adelante* (Océano, México, 2011) y es el compendio de experiencias y vivencias de un camino, el mío, ni mejor ni peor que el de

todos, que me ha traído hasta donde estoy; a veces a sabiendas, con mi complicidad, y otras veces ignorante absoluto, desde mi pasado hasta mi presente y desde aquí hacia lo que sigue. Después de muchos años de recibir la atribución impropia de escritor de "autoayuda", por primera vez había escrito un libro con consejos, apuntes, respuestas y propuestas.

Siempre había trabajado creyendo que yo era un terapeuta que usaba técnicas docentes, pero desde entonces comencé a darme cuenta de que en realidad era un docente que enseña temas de psicología o de superación personal y compartía herramientas "terapéuticas". Un modelo de trabajo que se podría llamar "Docencia terapéutica" y que se apoya en tres ejes:

- ❧ el filosófico (del existencialismo humanista),
- ❧ el terapéutico (del modelo de la Gestalt)
- ❧ y el metodológico (de la pedagogía).

No trabajo con la enfermedad ni con la solución de cada problema, sino con el camino hacia delante. No soy el que sana, sino en todo caso el que intenta ayudarte a que aprendas a sanarte tú mismo. Lo que más me preocupa, me doy cuenta, no es el estado de la salud mental de la población, sino su situación educativa, el recorte de los presupuestos en educación, el empobrecimiento del nivel moral de la sociedad.

La educación es la única llave para una puerta que conduzca a un futuro mejor. Sólo una buena educación que tenga como destino la libertad, conseguirá formar individuos que aprendan a desacondicionarse, capaces de repararse a sí mismos, críticos con lo que les enseñamos y capaces de decidir qué les sirve y qué no.

Producto de todo lo vivido, no creo que pueda existir una sociedad si no se apoya en los individuos. No creo que el individualismo sea la antítesis de lo social, pero, a la vez, no creo que un individuo pueda construir una sociedad si no se apoya en una adecuada valoración de sí mismo, en el conocimiento de sí mismo y en su desarrollo permanente. Creo que el camino hacia delante es volvernos más sabios, más inteligentes, más adultos, más creativos, más amplios, más aceptadores de la realidad tal como es.

El camino hacia delante es el camino de la felicidad, entendida como la certeza de haber encontrado el rumbo, y también el rumbo que da la posibilidad de ser más útil a la sociedad a la que cada uno pertenece.

Como escribe Hamlet Lima Quintana, en su poema "La Meca":

> *Hay que llegar a la cima, arribar a la luz,*
> *Darle un sentido a cada paso...*
> *Hay que subir por la calle ancha*
> *y dejar atrás el horror y los fracasos.*
> *Y cuando entremos cantando por la cumbre,*
> *recién entonces... estirar las manos hacia abajo,*
> *para ayudar a los que quedaron rezagados.*

CAPÍTULO 3

Cultivar las relaciones

La pareja, la familia, los hijos, los amigos, los compañeros... son los actores con los que compartimos escenario en esta maravillosa y misteriosa experiencia que es la vida. Construir unos vínculos sanos, abriendo nuestro corazón a los demás, favoreciendo la empatía y aportando lo mejor de nosotros mismos, nos permitirá sentirnos más útiles, queridos y felices.

El amor verdadero

¿Se puede hablar de ponerle límites al amor? Seguramente no, si lo que queremos es hablar del amor de las novelas románticas, eterno y excluyente. Tampoco podremos ponerle límites si hablamos del amor de las tragedias griegas, dramático e irresistible.

Pero otra cosa sucede con el amor nuestro de cada día. El amor que verdaderamente somos capaces de sentir y el que esperamos que otros puedan sentir por nosotros. Para bien y para mal, ese amor no es ningún sentimiento sublime e ilimitado. No es, repito para dejarlo claro, no es una emoción reservada para unos pocos ni tampoco algo que se siente exclusivamente en un momento de la vida frente a una única persona.

> El amor posible y real está íntimamente emparentado con lo que en el lenguaje cotidiano podríamos enunciar como "querer mucho a alguien", y que simplificado se puede definir como la sencilla y comprometida manifestación del "más puro interés que alguien es capaz de sentir por otra persona".

Y que quede claro que digo "sencilla" no para restarle importancia, sino para restarle solemnidad y para que todos podamos entender la magia y presencia de este sentimiento en la vida de todos.

Dicho de otra manera: la persona que se ocupa de ti y siente que le importas, la que se alegra con tus logros y te acompaña en un momento difícil, la que respeta tus tiempos y tus elecciones... sin lugar a dudas te quiere, aunque a veces te diga que no, aunque nunca piense seriamente en suicidarse si te va mal en lo que tú más deseas, y aunque algún día no te elija para compartir alguno de sus proyectos.

Claro que esta definición de los límites del amor, sólo puede conformar a los que sabemos que necesitamos de los otros, de su presencia y de su ayuda, pero jamás los responsabilizamos de nuestras vidas, de nuestros éxitos ni de nuestros estados anímicos. Y por supuesto, esta mirada nunca será suficiente para aquellos que prefieren concederle a otros el poder de hacerlos enojar, de hacerlos llorar o de hacerlos felices, porque no quieren aceptar que son los responsables de sus vidas.

Es verdad que no somos autosuficientes, pero es nuestro compromiso aprender a amar adultamente, comprender la diferencia entre pedir y exigir, aceptar que el otro puede no tener o no querer darnos lo que hoy necesitamos, y aprender la diferencia que existe entre renunciar y sacrificarse.

Todos los filósofos, pensadores y terapeutas de la historia han creado su propia definición del amor. Hasta yo, sin ser nada de eso, tengo la mía:

"Mi amor es la sincera decisión y la consecuente acción de crear un espacio de libertad para la persona amada. Un espacio tan grande y no condicionado como para que ella pueda elegir lo que desee, aun cuando su decisión no sea la que más me favorezca, aun cuando su elección no me incluya."

Se ajuste o no esta definición a la que anida en ti y determina tu forma de relacionarte, lo cierto es que conseguir *no depender* de los demás es, sin lugar a dudas, uno de los grandes desafíos de los que luchamos diariamente por una vida plena, es decir, de los que pretendemos ser felices; de los que sabemos que no declararse pendiente de la mirada del otro, de su aprobación o de su aplauso, tiene costos, y que estamos dispuestos a pagarlos, aunque no son para nada baratos.

El que ama en libertad siempre será acusado por aquellos que todavía transitan espacios dependientes, de ser soberbio, tonto, cruel o agresivo, en medio del reproche por ser antisocial, egoísta y hasta desamorado.

Este triste cuento, que tiene cientos de años, puede explicarte mejor lo que quiero transmitirte:

Había una vez, en las afueras de un pueblo, un árbol enorme y hermoso que vivía regalando a los que se acercaban el frescor de su sombra, el aroma de sus flores y el increíble canto de los pájaros que anidaban en sus ramas.

El árbol era querido por todos, pero especialmente por los niños, que trepaban por el tronco y se balanceaban entre las ramas con su complicidad complaciente. Si bien el árbol amaba a la gente, había un niño que era su preferido. Aparecía siempre al atardecer, cuando los otros se iban.

—Hola, amiguito —decía el árbol, y con gran esfuerzo bajaba sus ramas al suelo para ayudar al niño a trepar, permitiéndole además cortar algunos de sus brotes verdes para hacerse una corona de hojas, aunque el desgarro le doliera un poco. El chico se balanceaba con ganas y le contaba al árbol las cosas que le pasaban cotidianamente en casa.

Casi de un día para otro, el niño se volvió adolescente y dejó de visitar al árbol. Pasó el tiempo... y de repente, una tarde, el árbol lo vio caminando a lo lejos y lo llamó con alegría y entusiasmo:

—Amigo... Ven, acércate... Cuánto hace que no vienes... Trepa y charlemos.

—No tengo tiempo para estupideces —dijo el muchacho.

—Pero... disfrutábamos tanto juntos cuando eras pequeño...

—Antes no sabía que se necesitaba dinero para vivir, ahora busco dinero. ¿Tienes dinero para darme?

El árbol se entristeció un poco, pero se repuso enseguida.

—No tengo dinero, pero tengo mis ramas llenas de frutos. Podrías subir y llevarte algunos, venderlos y obtener el dinero que necesitas.

—Buena idea —dijo el muchacho, y subió por la rama que el árbol le tendió para que trepara como cuando era niño. Y arrancó todos los frutos del árbol, incluidos los que aún no estaban maduros. Llenó con ellos unas bolsas de yute y se fue al mercado. El árbol se sorprendió de que su amigo no le dijera ni gracias, pero dedujo que tendría urgencia por llegar antes de que cerraran los compradores. Pasaron diez años hasta que el árbol vio pasar otra vez a su amigo. Era ya un adulto.

—Qué grande estás —le dijo emocionado—; ven, sube como cuando eras niño, cuéntame de ti, cómo te encuentras.

—No entiendes nada, como para trepar estoy yo... Lo que necesito es una casa. ¿Podrías acaso facilitarme una?

El árbol pensó en ello durante unos minutos.

—No, pero mis ramas son fuertes y elásticas. Podrías hacer una casa muy resistente con ellas. ¿Qué te parece?

El joven salió corriendo con la cara iluminada. Una hora más tarde, con una sierra cortó cada una de sus ramas, tanto las secas como las verdes. El árbol sintió dolor, pero no se quejó. No quería que su amigo se sintiera culpable. El árbol guardó silencio hasta que terminó la poda y después vio al joven alejarse esperando una mirada o un gesto de gratitud que nunca llegó.

Con el tronco desnudo, el árbol se fue secando. Era demasiado viejo para hacer crecer nuevamente ramas y hojas que lo alimentaran. Quizá por eso, porque ya estaba viejo, cuando lo vio venir, años después, solamente dijo:

—Hola. ¿Qué necesitas esta vez?

—Quiero viajar. Pero ¿qué puedes hacer tú? Ya no tienes ramas ni frutos que sirvan para vender, como antes...

—Qué importa, hijo —dijo el árbol—, puedes cortar mi tronco... con él quizá consigas construir una canoa para recorrer el mundo a tus anchas.

—Buena idea —afirmó el hombre.

Horas después volvió con un hacha y taló el árbol. Hizo su canoa y se fue.

Del viejo árbol quedó tan sólo el pequeño tocón a ras del suelo. Dicen que el árbol aún espera el regreso de su amigo para que le cuente de su viaje.

No se da cuenta de que no volverá. El niño ha crecido, pero tristemente se ha vuelto un hombre de esos que nunca van a donde no hay nada para tomar. El árbol espera, vacío, aunque sabe que no tiene nada más para dar.

El árbol y el hombre del cuento muestran formas bien distintas de amor.

En todo caso habrá diferentes maneras de amar, y estas maneras de manifestar lo que siento dependerá más de quién soy que de cuánto quiero.

Habrá amores buenos y sanos, que son los que sienten aquéllos de corazones buenos y sanos. Y habrá también amores enfermizos, el de los incapaces, el de los manipuladores, el de los posesivos, el de los dependientes, el de los que nunca se dieron cuenta de que el mayor valor de que alguien esté aparece cuando uno se da cuenta de que podría elegir haberse ido.

Quizá se podría sintetizar lo dicho estableciendo que los que han aprendido a amar no dependen de la persona amada, pero tampoco permiten que ella dependa de ellos, porque saben que de cualquiera de los dos lados de la cadena, el esclavo y el amo son víctimas de la esclavitud y la rechazan de plano.

Los que saben y sienten el amor verdadero se entregan
sin olvidar su derecho de poner límites;
y pretenden ser amados de la misma manera.

Familias saludables

A pesar de los tiempos que corren, la familia sigue siendo para muchos de nosotros, los que trabajamos en salud y desarrollo humano, el principal estamento de una estructura personal saludable, y no sólo eso, sino también el punto de apoyo para cualquier sociedad que pretenda evolucionar y garantizar calidad de vida a los individuos que la constituyen.

Es muy probable que el bombardeo mediático en contra de la factibilidad de construir una pareja estable y duradera haya complicado aún más, en el imaginario individual y en la realidad cotidiana, la tarea —que siempre fue difícil— de crear una familia capaz de trascender en sus hijos; una familia capaz de nutrir y dar soporte a sus miembros; una familia, en fin, capaz de ocupar como protagonista el lugar que la sociedad le tiene reservado.

Muchas veces he repetido mi idea de que el rol de la familia en la vida de cada uno de nosotros podría representarse como si fuera un trampolín.

Si imagináramos la existencia adulta de cada persona como un viaje a nado de una orilla de su vida a la otra, la familia debería ser la herramienta que permita a los hijos iniciar su travesía con las mejores posibilidades de hacer un gran camino. Un trampolín que lo impulse para su mejor zambullida, la más estética, armónica y original; la más segura para su vida y la más útil para que pueda sumergirse en sus sueños.

Si los soportes del trampolín se han ido debilitando, o si nunca han sido tan sólidos como deberían, el salto podría terminar en drama o catástrofe.

Si la tabla se rompe, porque se ha deteriorado por descuido, negligencia o ignorancia, el niño puede romperse la crisma en el mero principio de su vida adulta. A veces esa debilidad se nota o se intuye, y entonces el que debe recorrerlo se da cuenta de que no puede confiar en que ese trampolín sea seguro, ni cree que sea apto para impulsarlo como sabe que necesita. Así, se quedará paralizado por el miedo, colgado, impotente y dependiente, sin animarse, quizá nunca, a dar ese primer e imprescindible salto que lo lance a vivir su propia aventura y experiencia.

Como suelo decir, el trampolín de la familia tiene cuatro pilares fundamentales que deben ser suficientemente fuertes como para que los hijos puedan caminar por él hacia sus propias vidas y aprendan a construir, alguna vez, un trampolín para los hijos que tendrán en la cadena sin fin que constituye la evolución de la sociedad.

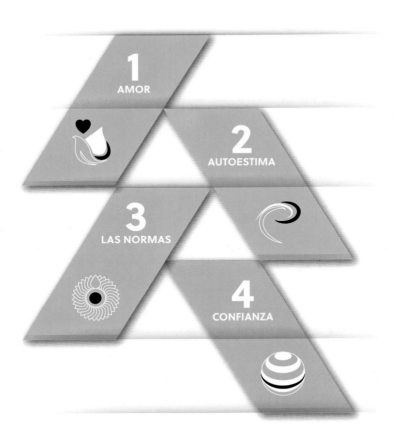

1. *El primer pilar es el del amor*

Con la mayoría de los pacientes que acuden con un terapeuta buscando ayuda psicológica, la primera tarea suele ser la de lidiar con su incapacidad para conectarse saludablemente con su mejor amor. Amor a sí mismos, a los suyos, a los más cercanos y a los demás.

Desde los primeros minutos de la primera entrevista, el terapeuta encuentra en cada frase de su relato las evidencias de la huella que ha dejado en esa persona que hoy sufre la falta de amor, el maltrato que el niño que fue ha sufrido y el daño que ese desamor ha dejado... aunque demasiadas veces el propio paciente no sea del todo consciente de estas viejas heridas.

Sabemos que quien no ha sido amado en su familia, o no se ha sentido así, tiene por delante un desafío difícil; ya que

> el amor por uno mismo —y con él la decisión de cuidarse, protegerse y premiarse— se aprende primordialmente del amor que uno recibe en los primeros años de su vida del entorno familiar, especialmente de los padres.

Por suerte, esto no significa que, si no ha sucedido allí, el amor por uno mismo no pueda aprenderse en otro lado. Sólo quiere decir que la familia, el núcleo de origen, es el mejor lugar donde aprenderlo. Los demás sólo consiguen ser buenos o malos sustitutos.

El trampolín que carezca de este pilar, o lo tenga débil y quebradizo, es muy poco confiable. Es difícil caminar por él y, aunque no lo fuera, es muy probable que quien se encuentre forzado a hacerlo no tenga muy claro su deseo de andar hacia lo que sigue a continuación.

2. *Al segundo pilar lo vamos a llamar el pilar de la autoestima; es decir, el soporte de la propia valoración*

> La salud y fortaleza de este aspecto no depende tan sólo
> de cuánto valoran los padres a sus hijos, sino también,
> y sobre todo, de cuánto valoran a sus parejas
> y a la familia que han formado.

Si la familia no ha tenido un buen caudal de autovaloración, cosa inevitable si los padres se juzgan como poca cosa, el hijo también se siente poca cosa, aunque los padres le juren que él o ella es lo más valioso de la casa.

Dice la célebre terapeuta familiar Virginia Satir, de quien tanto he aprendido: "En las buenas familias, la olla de autoestima de la casa está siempre llena". En las casas de estas familias, el papá cree que la mamá es valiosa y la mamá cree que el papá es valioso; ambos están orgullosos del grupo que han formado y de las personas en las que sus hijos se van transformando día a día. Todos y cada uno de sus miembros se sienten afortunados de pertenecer a una familia como la suya, incluso en los peores momentos.

Cuando por el contrario, en nuestra familia, el hijo o la hija preguntan, un día sí y otro también, algo como: "¿Me puedo quedar en casa de la tía Margarita?", deberíamos pensar que tenemos problemas. Cuando un padre le dice a su hijo (o piensa en decirle, pero no se atreve): "¡Quizá sería mejor que te fueras a vivir a casa de la tía Margarita!", con más razón debemos saber que allí está pasando algo complicado. En ambos casos, el trampolín por el que los jóvenes deben caminar se ha vuelto demasiado inestable. El pilar de la autoestima no es suficientemente sólido.

Cada grupo debe tener, fijar y respetar ciertas normas que le son propias, y cuanto más claras mejor. Una familia es un grupo; muy particular, pero grupo al fin y, por lo tanto, esta necesidad de ciertas pautas no le es ajena.

3. *Como ya intuyes, el tercer pilar del trampolín es el de las normas*

Las reglas y los límites deben existir, y la única condición inapelable es, paradójicamente, que no pueden ser inapelables.

En una familia sana, las normas nunca son rígidas.
Son flexibles, elásticas, cuestionables,
discutibles y negociables.
Pero están ahí, y todos saben cuáles son.

Cuando sucede (y a veces sucede) que la regla familiar es violar una norma, la familia debe cambiar esa norma, y no prescindir de su existencia. Ése será su compromiso, crear una nueva norma que sustituya a la que ha quedado obsoleta. Un proceso que sólo es posible si se apoya en las cabezas de la familia y si éstas han vivido alguna vez un tiempo y un espacio donde hayan aprendido a madurar en un entorno seguro y protegido.

En una familia sana, las normas son el marco de seguridad y previsibilidad necesario para el desarrollo de todos.

Una casa sin normas genera un trampolín tan poco firme que nadie puede pensar en usarlo para impulsarse.

4. *El último pilar es el que hoy defino como confianza*

Sinceridad, honestidad, apertura, fe y el compromiso permanente de respetar la palabra dada.

En la intimidad, como siempre digo, no hay espacio para la mentira. Puede haber, y debe haber, una cuota de privacidad, de espacios personales y secretos, pero éste no es un argumento para la mentira.

> El pilar de la confianza garantiza que cada miembro de una familia sabe que lo que otro dice puede que no sea TODA la verdad, pero debe tener la certeza de que eso que sí se dice es absolutamente cierto.

Amor, buen nivel de autoestima, normas elásticas y confianza absoluta son los pilares sobre los cuales se apoya, en mi opinión, la tabla en la que los hijos se impulsan hacia sus vidas. Es en este trampolín donde el hijo aprende, primero, a valerse por sí mismo sin depender y, después, a darle un sentido personal a su existencia, decidiendo quiénes serán sus compañeros de ruta, entre los cuales encontrará a aquella persona con la que recomenzar el ciclo y crear su propia familia.

Recordemos que para que el salto sea posible, no es suficiente con tener pilares sólidos y consistentes. También la tabla sobre la que el hijo camina debe ser necesariamente fuerte, suficientemente resistente y permanentemente cuidada.

Esa tabla se llama *comunicación* y es justamente donde se encuentra la posibilidad de reparar la debilidad de alguno de los pilares en los que se apoya el trampolín. Será bueno, entonces, hablar sobre la comunicación con la pareja, discutir el asunto con los hijos y conversar todos sobre ello con el televisor apagado. Pero lo más importante y fundamental en la comunicación intrafamiliar es el tiempo de genuino interés que demostramos por el otro y que comienza con las preguntas: "¿Cómo estás?", "¿Qué tal has pasado el día?" o "¿Quieres que hablemos?".

Crear una familia es construir un trampolín sólido, pero también
conlleva la responsabilidad de enseñar a los que siguen
a construir el suyo para sus propios hijos. Así pues, el futuro
de nuestros seres queridos, de nuestra sociedad y nuestra
cultura depende, en gran medida, de nuestra capacidad para
lograr la construcción de una familia firme.

Vínculos que sanan

Comienzo con una cita: "Una relación sana es, a grandes rasgos, aquella que empuja y sostiene el crecimiento de todos aquellos que la viven".

Las relaciones humanas suceden en diferentes grados de intimidad y de compromiso, con distintos niveles de profundidad o superficialidad; son más duraderas o más efímeras, más abiertas y expansivas o, por el contrario, llenas de misterios y ocultamientos.

Todo esto puede aparecer a nuestra mirada como algo obvio y detectable, importante o nimio, significativo o intrascendente, dependiendo sobre todo del lugar y la función desde la cual se observan los encuentros y desencuentros entre las personas. Nosotros, quienes trabajamos en la tarea asistencial psicológica, no podemos —ni deberíamos— dejar de poner la mayor atención en la distinción más básica y más elemental, y por cierto más importante para un terapeuta: la distinción entre relaciones saludables y relaciones enfermizas.

Quizá te preguntes si se pueden definir estos dos tipos de relaciones (sanas y no tanto), intuyendo con acierto que cualquier sentencia sería inevitablemente

una generalización y, a la vez, una descripción insuficiente. Pero quisiera que lo intentemos por lo menos.

Si tuviera que ensayar una breve y primera definición, elegiría poner el acento en señalar que una relación sana es, a grandes rasgos, aquella que empuja y sostiene el crecimiento de todos aquellos que la viven, sean dos, tres o cientos de personas; y agregaría, además, que estas relaciones se podrían identificar también por el placer que generan y lo gratificantes que resultan.

Desde este punto de vista,

> las relaciones enfermizas podrían definirse como aquellas que nos hacen permanecer estancados, bloqueando nuestro potencial o, aún peor, haciéndonos retroceder con dolor y amargura en el camino de nuestro desarrollo personal.

Hace ya unos años que el lenguaje de los terapeutas incorporó con fuerza los adjetivos *tóxico* y *tóxica* para referirse a "lo dañino" en los vínculos de algunas personas y hasta de algunas emociones. Sin embargo, más allá de la moda de utilizar esta explícita y poderosa imagen —quizá en exceso— los especialistas en salud mental sabemos que no hay dos vínculos iguales entre sí y que cada relación interpersonal tiene sus aristas únicas, que a veces no se pueden comprender ni clasificar ni desde dentro.

Vale recordar que avanzar es siempre un proceso dinámico (tres pasos hacia delante y dos hacia atrás) y que un desencuentro o una discusión puntual no son suficientes para calificar de tóxica una relación. Es por eso por lo que diagnosticar lo enfermizo en algunas de nuestras peores relaciones no siempre es fácil y que terminar con vínculos que construimos con esfuerzo e ilusión a nuestro paso por la vida nunca es sencillo.

Cuando la incomodidad y el malestar en un vínculo se tornan permanentes e innegables, cabe preguntarse por qué construimos este tipo de relaciones y por qué hacemos todo tipo de esfuerzos para sostenerlas, aun sabiendo que no sólo son incapaces de ayudarnos a crecer, sino que en lo cotidiano son la causa más evidente de nuestro fastidio y sufrimiento.

Más allá de las tendencias autodestructivas que anidan en nosotros (a la sombra de nuestra baja autoestima), sería muy bueno admitir que solemos establecer relaciones con los demás en las que, para bien y para mal, tratamos de satisfacer, con conciencia o no, cierta necesidad de que el afuera se ajuste a nuestra estructura más o menos neurótica, condicionada por nuestros años más jóvenes. Desde la irrupción del psicoanálisis, hace más de un siglo, es difícil dudar de que con una increíble habilidad conseguimos relacionarnos mayoritariamente con aquellas personas que poseen rasgos y actitudes que se acoplan con los nuestros y que son capaces de funcionar con nuestros peores y mejores aspectos, como si de engranajes se tratase. Cuando la relación es sana y nutritiva, son los aspectos sanos los que se complementan; mientras que en una relación enfermiza, el "enganche" se da también, a veces sólo entre los aspectos más conflictivos de ambos.

Estos vínculos estereotipados y repetitivos se dan entre personas que "aparentemente" se encuentran para compartir un momento o una situación vital, pero que "realmente" se juntan para compartir una perfecta "coreografía" que los complementa y que se actualiza en cada interacción, conflicto o desencuentro.

Con el tiempo, la secuencia de palabras y actitudes se vuelve tan igual a las anteriores que todos saben lo que sucederá a continuación y, a pesar de lamentarse, ninguno puede evitarlo.

Son "los juegos en los que participamos", como los llamaba el psiquiatra Eric Berne: intercambios en los que cada quien ocupa un rol ya definido para ajustarse al tablero planteado por el otro. Un individuo excesivamente perfeccionista puede encontrar, por ejemplo, "un gran amigo" en alguien que, por sus características autocríticas y culposas, nunca está conforme con sus acciones y sus resultados, sabiendo y declamando que las cosas que hizo o que dijo no salieron del todo bien.

Hace muchos años, en mi libro *Déjame que te cuente* relataba yo una vieja humorada que bien podría ser parte de una historia cierta:

Una mañana, al levantarse, un hombre, desde su cuarto, llama a su mujer:
—¡María!
Al no obtener respuesta, se asoma al pasillo y la llama nuevamente:
—¡Maríaaa!
Mientras piensa que uno de estos días acompañará a su mujer al médico para consultarle sobre esa sordera que viene notando en ella, llega a la puerta de la cocina y ve a su esposa de espaldas. Desde allí, la llama a voz en cuello:
—¡María! ¡Maríaaaaa!
Fastidiado por la situación, se acerca a ella y la sacude tomándola de los hombros. Cuando ella se da la vuelta le dice a gritos:
—¡¡¡María!!! ¿No oyes que te estoy llamando...? ¡Estás cada día más sorda!

Entonces ella se ríe y le contesta, también gritando, como para estar segura de que él, esta vez, la está escuchando:
—¡Te he contestado cuatro veces! El que está cada día más sordo, ¡eres tú!

Lamentablemente, en la vida real, los intercambios no siempre son tan graciosos y las consecuencias rara vez son tan banales. Los terapeutas hemos aprendido que ciertas relaciones enfermizas son realmente capaces de producir grandes daños, especialmente si se mantienen durante años, llegando a constituir mucho más que un simple juego de a dos, transformándose en verdaderas adicciones o vínculos viciosamente cerrados y destructivos.

Quizá la mayor complicación de las patologías vinculares —por no llamarlas directamente enfermedades— radica en que, como sucede con la adicción a las drogas, todo comienza ofreciendo el sueño de una situación deseada y esperada: "El compañero o la compañera que el destino ha cruzado en mi camino me dará por fin lo que siempre me he merecido y nadie pudo ser capaz de brindarme, incluida la efímera sensación de que por fin estamos en una relación segura de la que nunca deberemos cuidarnos".

Demasiadas veces las relaciones más tóxicas se parecen al genio de la lámpara del relato de *Las mil y una noches*. Aparecen en nuestra costa como un regalo del cielo, se presentan diciendo que están a nuestro servicio, que nos ayudarán a realizar nuestras tareas con mayor facilidad, que quieren evitarnos todo problema y angustia, que ya no tendremos razón para preocuparnos por el futuro. Y, como en el cuento, en el comienzo parecen tener el poder y la voluntad de cumplir lo que han prometido.

Tarde o temprano despertamos a la realidad. Nuestro genio encantado exige cada vez más y nos cuesta más caro conformarlo. Aquel que prometía ser nuestro servidor y protector se vuelve nuestro enemigo, y su poder, lejos de tranquilizarnos, nos inquieta. Al igual que sucede con las drogas, el alcohol, la comida, el sexo o el dinero, la puerta que parecía conducirnos a un mar de soluciones se transforma en una siniestra espiral de problemas y presiones.

La salida, como siempre sucede, está en comprender la realidad de la situación y asumir nuestra responsabilidad, tanto en el problema como en la solución. El camino es el de una verdad que no podemos olvidar:

> difícilmente alguien tendrá sobre mí un poder que no sea el que yo le di. Si no me olvido y me doy cuenta de que yo te di este poder, entonces debo darme cuenta también de que puedo retirártelo.

Quizá no haya mejor consejo que aquel de nuestras madres cuando nos recomendaban cuidarnos de las malas compañías. En el fondo, sin saberlo, se referían a aquellas personas que son capaces de sacar en demasiados momentos lo peor de nosotros. Termino con la maravillosa frase de uno de los más grandes humoristas de la historia, Groucho Marx, que en una de sus películas decía: "No estoy asociado a ningún club, porque yo nunca aceptaría ser socio de un club que aceptara socios como yo".

Felicidad compartida

Alguna vez dije, sacrificando el rigor científico en pos de la facilidad pedagógica, que la diferencia entre lo que me place de la vida y el verdadero placer es justamente esa letra R del final de la palabra PLACER.

Identificaba en ese momento "lo que me place" con el gozo que significa, en nuestros mejores momentos, la conciencia plena del maravilloso y disfrutable fenómeno de la vida. Y decía que lo que transforma ese gozo en placer auténtico es el poder agregarle a lo bueno que me pase la "R" DE RELACIÓN, QUE NOS RECUERDA

la necesidad de vincular nuestra existencia con la de otros
para poder disfrutar totalmente de lo que nos place.

Es demasiado evidente como para pretender disimularlo, que los habitantes de este turbulento planeta nos sentimos muchas veces agobiados por esa creciente sensación de intimidación e incertidumbre en la que vivimos. Una inquietud que nos empuja a sobrevivir víctimas del estrés crónico (entre otras cosas...) y que amenaza por igual nuestra serenidad, nuestro desempeño laboral, nuestra vida afectiva y nuestro tiempo de reponer energías en el encuentro distendido con los amigos o la familia. Con el tiempo, estas privaciones obligadas arrasan con nuestra calidad de vida, al impedir que seamos felices, y reducen nuestra expectativa de tiempo vital. Es evidente que la sociedad como un todo no ignora esta situación, y estoy seguro de que no es un tema que no preocupe a los que toman decisiones para muchos, pero sus respuestas al problema del aislamiento, de la crisis de valores y de la ansiedad e infelicidad de sus miembros no han dado resultados satisfactorios. Estoy convencido de que esto se debe a que el tipo de "soluciones" y propuestas siempre pasan por los intentos (y a veces los logros) de las políticas dirigidas a mejorar los niveles de consumo y el acceso a mayor confort o "comodidad" de algunas personas que antes no la tenían. Esta salida selectiva de algunos, del área de mayor conflicto, no hace más que agravar las verdaderas causas del problema.

Nos sentimos insatisfechos y, demasiado a menudo, amenazados. Nos hemos convencido y aceptado la idea extendida de que cualquier situación de nuestra vida tiene que ser un tema de elección excluyente entre "Tú o Yo". Y esa actitud generalizada de competitividad deja detrás de sí, irremediablemente, efectos nefastos. Estoy seguro de que, sin corregir estos planteamientos falaces, ningún remiendo que hagamos conseguirá acercarnos a la felicidad ni a medio ni a largo plazo.

La ayuda que la creciente información sobre la dinámica psicológica o psiquiátrica de estos problemas puede aportar es indispensable, pero no suficiente. La mayoría de las veces, estas disciplinas pretenden ignorar las causas de nuestra pérdida de rumbo y se centran en determinadas técnicas esperanzadoras que podrían resolver nuestros problemas de encuentro o comunicación con el prójimo. No obstante, tal pretensión es de una ingenuidad peligrosa para el futuro de la humanidad.

Estamos ante un problema de fondo, una situación que se podría calificar de estructural. No podemos poner parches, tenemos que buscar la raíz del problema para solucionarlo. Si nos pusiésemos de acuerdo en que la génesis del problema comienza con algún desvío en la transmisión cultural y en las pautas que la sociedad transmite para aquellos que quieren ser "exitosos", parece obvio que el camino de la solución deberá empezar poniendo el acento en la educación que les damos a nuestros hijos. Y, como en casi todas las cuestiones en educación, cuanto antes se empiece, mejor.

Es urgente que la educación rescate, proteja, promueva y entrene a sus jóvenes en las virtudes del encuentro abierto y afectivo con los demás.

Es imprescindible una educación que erradique la competencia como herramienta privilegiada para el estímulo del progreso de cada uno y como recurso estrella de la evaluación académica. Y no me refiero tan sólo a la educación formal de la escuela primaria, me refiero a todos los niveles educativos. Hablo de la responsabilidad de los padres, de los docentes, de los empresarios, de los artistas y de los dirigentes.

Hablo de trabajar todos juntos para atacar los condicionamientos de las pautas de éxito comparativo que condicionan nuestra conducta desde el mercado laboral, social, familiar y espiritual. Hablo de la escuela, de la familia, de la pareja, de la televisión y del arte.

Estoy seguro de que no existe la felicidad en solitario o, por lo menos, que no es la auténtica y mejor felicidad a la que se puede tener acceso.

La nueva ciencia psicológica comprueba, día tras día, en todas las latitudes, que necesitamos salir de nuestras cavernas para sentirnos en plenitud. Necesitamos sentirnos aliados con los otros para dejar de pelear con ellos por cada lugar, por cada mirada y por cada logro a conquistar.

Por si acaso no queda clara mi posición —por cierto, discutible—, si de mí dependiera, me gustaría terminar de una vez y para siempre con toda competencia y rivalidad. Incluida, por supuesto, o sobre todo, la idea de "la sana competencia", acomodaticia y falsa justificación de miles de distorsiones, a veces salvajes, de nuestra sociedad. Como es evidente, para mí no existe la "sana" competencia. No es necesaria ni recomendable y difícilmente se obtiene de tal "sanidad" algo saludable. En todo caso, y si debemos aceptar que existe en nosotros una tendencia innata a la comparación con otros, dejemos esos aspectos limitados al deporte. Solamente en ese entorno, la competencia puede transformarse en un juego liberador de comparación de habilidades y de recursos. Sólo a través del deporte se podría sublimar este aspecto nefasto. Una diversión momentánea que nos permita volver a nuestro mundo cotidiano sin necesidad de demostrar que soy capaz de correr más rápido que nadie por las avenidas del centro después del estúpido triunfo de beber más que ninguno.

Comparto contigo este cuento, que escribí hace unos años, para tratar de agregar con el recurso de la metáfora algo de claridad a esta propuesta:

Hasta la choza de un viejo maestro llegaron los ancianos del Consejo de un antiguo pueblo. Venían a consultar al sabio sobre un problema que amenazaba a todos los que habitaban la vieja ciudadela junto al río.

Desde hacía muchos años, y pese a todos los esfuerzos del Consejo, los habitantes de ese lugar habían empezado a pelearse, a hacerse daño. Se robaban unos a otros, se lastimaban entre sí, se odiaban y educaban a sus hijos para que el odio continuara perpetuándose entre ellos.

—Siempre hubo personas que se apartaban de la senda —le contaron al sabio los consejeros apesadumbrados—, pero hace unos diez años comenzó a agravarse la situación y, desde entonces, ha empeorado mes tras mes.

—¿Qué pasó hace diez años? —preguntó con curiosidad el maestro.

—Nada significativo —respondieron los del Consejo—. Por lo menos nada malo. Hace diez años terminamos de construir entre todos el puente sobre el río. Pero eso sólo trajo bienestar y progreso al pueblo.

El maestro asintió con la cabeza y sentándose en un raído sillón junto a la ventana empezó a decir, como para sí mismo:

–*Por supuesto que no hay nada de malo en obtener un mayor bienestar... Y mucho menos en el progreso. Sin embargo...*

Los consejeros no se animaron a preguntar. Sólo se acercaron un poco para escuchar las palabras de aquel hombre sabio.

–*El mal no está en el bienestar, sino en comparar mi bienestar con el del vecino. El mal no está en el progreso, pero sí en querer ser el que más ha progresado. No hay nada de malo en las cosas buenas para todos, pero sí en competir por ellas. Su pueblo padece un terrible mal, el mal de la sílaba central —sentenció el venerable anciano.*

–¿*La sílaba central? —preguntaron los del Consejo—. ¿Cuál es ese devastador mal? ¿Cómo podríamos curarlo?*

–*Deben ocuparse de enseñar a cada uno de los habitantes del pueblo que el verbo competir es un verbo que enferma, intoxica y mata. La solución es que todos aprendan a hacer un cambio de sílaba. Enseñarles que sólo con reemplazar en la palabra "competir" la sílaba central "pe" por la más que significativa sílaba "par" crearemos una nueva palabra: "compartir".*

Una vez que todos hayan aprendido el significado de este verbo, la competencia no tendrá sentido y, sin ella, el odio y el deseo de dañar a otros quedarán sepultados para siempre y desterrados.

Todos deberíamos esforzarnos por cambiar la palabra "competir" por el término "compartir". Es sólo una sílaba, una sola sílaba. Un cambio de sílaba para un cambio de vida. Se trata de un paso definitivo en el camino hacia la nueva felicidad que, a mi entender, sólo puede ser completa si estamos seguros de que también otros pueden sentirla.

Usar bien la inteligencia

Es imposible interpretar los conflictos que conmueven actualmente a todas las sociedades, utilizando como recurso excluyente nuestro intelecto, nuestra razón y nuestro pensamiento abstracto. Comprender los avatares y dificultades de este mundo que habitamos requiere otras inteligencias, como la emocional, que incorpore a nuestro análisis los factores del corazón, de la motivación personal y social, de las necesidades afectivas y de los reclamos más profundos y a veces irracionales de los humanos.

Así como el genio humano puede usar su capacidad y conocimiento sobre la fisión atómica para curar el cáncer o para construir una bomba de neutrones, toda nuestra inteligencia racional o emocional (como genialmente la llamó Daniel Goleman), puede usarse, a la hora de encarar nuestros graves problemas globales, para el bien o para el mal.

Según yo lo veo, dos tipos de propuestas aparecen en boca de los dirigentes en la prensa, en la publicidad, en la educación y en el arte. Dos propuestas, en muchos aspectos incompatibles, que responden quizá a otras tantas posturas filosóficas o ideológicas, también antagónicas.

Por un lado, se levantan las banderas en defensa de lo conquistado; se construyen escalas de valores que hay que defender a sangre y fuego, las hayas o no elegido, concuerdes con ellas o estés en desacuerdo. Y en línea con esta posición, la propuesta de acumulación de poder para aquellos que supuestamente deben defender el orden preestablecido, aunque sea mediante cierta discriminación y separación de los débiles, de los ignorantes, de los que no piensan como todos y de los que actúan según sus propios parámetros...

Por otro lado, se yergue la preocupación de muchos, como yo mismo, que amanecemos y nos acostamos preocupados por el aumento de la violencia, por la falta de conductas éticas, por el aislamiento de las personas, por la intrusión salvaje en la privacidad de todos y por la ausencia de contacto entre las personas, que incluye la reducción del creativo proceso de intercambio entre las diferentes culturas. No ignoras, porque nos conocemos, que esta postura achaca la responsabilidad de lo que pasa a la desmedida valoración del éxito o la prosperidad económica y al injustificado ensalzamiento de la competitividad como motor de la autosuperación.

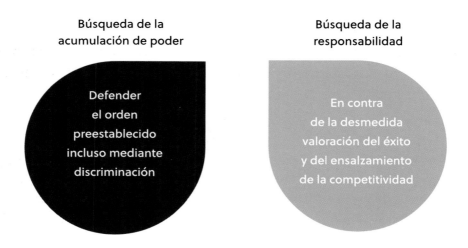

Búsqueda de la acumulación de poder

Defender el orden preestablecido incluso mediante discriminación

Búsqueda de la responsabilidad

En contra de la desmedida valoración del éxito y del ensalzamiento de la competitividad

Es obvio que cada uno de estos dos grupos propone una estrategia diferente para los años venideros y, por ende, una propuesta diferente de entrenamiento para las personas que deberán asumir la responsabilidad de liderar o de ser referentes en el trabajo, los países, las familias o la cultura.

Así planteada la batalla, se fomentan o se desalientan algunas actitudes en los grupos y en las personas para mejorar las perspectivas de los individuos y la humanidad, según la ideología de quien piensa en el mañana. Si nos colocamos al margen de estos planteamientos, sin dejarnos seducir por los resultados que se miden, se cuentan o se pesan, hay aptitudes que deberíamos potenciar para mejorar el mundo que dejaremos a nuestro hijos:

- Capacidad de darse cuenta
- Destreza en relaciones humanas
- Condiciones de liderazgo
- Intuición y creatividad
- Facilidad para adaptarse al cambio
- Compromiso y toma de decisiones

No se pretende despreciar el mérito de la inteligencia abstracta ni el valor de los estudios, pero hoy tenemos claro que el coeficiente intelectual (considerado un dios intocable en otros tiempos) se ubica muy por debajo de estas

habilidades sociales a la hora de evaluar incluso el desempeño laboral, ya sea de individuos, equipos u organizaciones.

En cuanto nace y durante sus primeros años de vida, el ser humano es el ser vivo más desprotegido y vulnerable que existe. En comparación con otras especies, carecemos de los mínimos recursos instintivos de supervivencia y precisamos, para llegar a ser autónomos, de la estrecha asistencia del grupo social en el que estamos integrados.

Los que han tenido hijos, sobrinos y nietos han escuchado la frase que se repite una y otra vez en las familias de los bebés recién nacidos: "Los niños vienen cada vez más listos". Estudios y mediciones de maduración intelectual y neurológica confirman esta observación familiar. En todo el mundo, los niños están incrementando su coeficiente intelectual promedio.

Lo malo, sin embargo, es que evaluando el nivel de destreza social de esos mismos niños cuando llegan a la adultez, se percibe que esta habilidad declina de generación en generación.

Dado que cada individuo es el heredero genético de la historia de sus ancestros en cada generación, la especie intenta adaptarse a los cambios que le aguardan en el mundo que los recibe. Desde este análisis, no es de extrañar que, en un mundo donde los padres y abuelos tienen cada vez menos presencia en la vida del recién llegado, los niños traigan en su información genética una mayor inteligencia abstracta que quienes les han precedido sobre el planeta, pero que no puedan desarrollar con facilidad aquello que debe ser aprendido vivencialmente y en interacción con el medio.

> La mejor noticia es que, a diferencia de la capacidad "intelectual", que no se aparta demasiado de la que cada uno ha recibido como potencial al nacer, la inteligencia social o emocional puede ser aprendida y continúa desarrollándose a medida que avanzamos por la vida y capitalizamos experiencias.

Estudios que evalúan el nivel de destreza social demuestran que la gente mejora cada vez más esa aptitud a medida que adquiere habilidad para manejar sus propias emociones e impulsos. Las personas que establecen una relación más comprometida con el prójimo no sólo se muestran genuinamente sensibles, abiertas al diálogo y dispuestas a resolver problemas, sino que también suelen ser portadoras de una sincera sonrisa la mayor parte del día. Obviamente, y es bueno aclararlo, no se trata simplemente de entrenarse en "ser simpático", amable y conciliador, sino de comprometerse afectivamente con el entorno propio o ajeno.

En el último cuarto de siglo, distintos grupos de investigadores que reportaban a las ciencias humanistas, a intereses empresariales y a organismos gubernamentales de todo el mundo occidental, coincidieron en la necesidad de corregir el modo en que las instituciones preparan a los individuos en ciertos aspectos, como escuchar, comprender, acompañar, motivar y manejar las situaciones nuevas, para intentar amortiguar el efecto que producirá que una generación retrasada en cuanto a destreza social sea la que maneje, dentro de pocos años, el destino de la humanidad.

Las familias, los gobiernos y los educadores que ignoren la realidad emocional de los individuos corren el gran riesgo de que sus miembros no crezcan equipados para sobrevivir (y prosperar) en los años que se avecinan, que se perfilan cada vez más turbulentos.

Para darte una idea de tu situación en cuanto a tu propia destreza y tus puntos débiles, te sugiero que te evalúes del 1 al 10 en los siguientes aspectos (hazlo con toda sinceridad, después de todo es para ti mismo y no un examen para concursar por un cargo):

Capacidad de aprender _____

Saber escuchar y comunicarse oralmente _____

Adaptabilidad y respuestas creativas
ante los obstáculos y reveses _____

Motivación para trabajar en pos de un objetivo,
perseverancia _____

Habilidad para negociar desacuerdos _____

Comprensión de los propios sentimientos
y los de los demás _____

Optimismo _____

Tolerancia a la crítica de los demás _____

Dominio personal, confianza en uno mismo _____

Efectividad grupal e interpersonal,
espíritu de colaboración y de equipo,
orgullo de pertenencia

Sólo como un juego, suma tus puntuaciones y podrás tener una idea aproximada de tu habilidad en el área de lo social. Un resultado inferior a 60 indica la conveniencia de empezar a ocuparte de desarrollar esa capacidad.

En los tiempos que vivimos, se hace cada vez más imprescindible favorecer nuestras capacidades emocionales, que son las que más influyen, conducen y orientan nuestro comportamiento y determinan el "éxito" de nuestras relaciones y nuestra positiva inserción en el entorno familiar, social y global.

CAPÍTULO 4

Pensamiento creativo

En el ser humano todo surge a raíz de un pensamiento: desde las creaciones artísticas y científicas más revolucionarias hasta las peores pesadillas. Si cada uno de nosotros toma conciencia del poder creativo de su mente y favorece el pensamiento constructivo y la acción positiva, no tardará en ver que lo que se da siempre vuelve a nosotros con creces.

Vivir sin prejuicios

En un mundo que evoluciona tan rápido como en el que vivimos, no ser capaces de cuestionar lo que sabemos, no animarnos a revisar lo que alguna vez nos dijeron o no permitirnos actualizar la propia experiencia nos dejaría en poco tiempo en la misma situación de quien nunca supo y nada entiende. La historia moderna de la ciencia muestra, de forma inequívoca, cómo la suma total de los conocimientos del ser humano se duplica cada vez con mayor rapidez. Esta aceleración del saber de la humanidad está indudablemente sostenida y empujada por la velocidad de los avances tecnológicos del último siglo, muy especialmente por las comunicaciones. La expansión de internet, por ejemplo, es considerada la gran responsable de la aceleración de ese índice de duplicación global de conocimientos; por "su culpa" la humanidad en su conjunto tendrá acceso al doble de la información total con la que hoy cuenta en apenas un lustro.

Nadie puede dudar de los beneficiosos avances y de los buenos resultados que la sociedad occidental ha obtenido en los últimos veinte años, gracias a los progresos, descubrimientos y desarrollos que han tenido lugar en medicina, biología o agronomía, pero esta evolución acelerada también motiva, para bien y para mal, la caducidad rápida y brutal de nuestro conocimiento.

Es imprescindible, pues, sabiendo esto, estar atentos a actualizar permanentemente lo que sabemos; revisar, descartar, descubrir, completar, mejorar y cuestionar lo que siempre tuvimos por cierto.

Es necesario, como alguna vez he escrito, crear nuevos diseños de viejos productos, nuevas soluciones a viejos problemas y nuevas formas de utilizar las viejas herramientas que hemos heredado en los nuevos desafíos que nos propone el presente. Si estas razones no fueran suficientes para justificar la necesidad de abrirnos a lo nuevo o la conveniencia de explorar nuevas posibilidades, tengo un argumento adicional que creo irrefutable.

Como terapeuta, aprendí una norma que me ha servido mucho en mi vida y que repito a otras personas cuando tengo la oportunidad. Todo gira alrededor de la definición, particular y provocativa, que daba uno de mis maestros cuando intentaba aclarar para nosotros, futuros terapeutas, los conceptos de neurosis y de salud mental. El mayor de los disparates, decía, no es vivir haciendo cosas extrañas que la mayoría de la gente asocia con la locura, sino "vivir haciendo siempre lo mismo y tener la absurda pretensión de que el resultado que obtengamos sea diferente".

¿Qué nos conduce a tener esta ilógica expectativa, que previsiblemente nos conducirá a una repetida frustración de lo que esperamos? Seguramente, uno de los motivos de esta terquedad se deriva de nuestra evidente dificultad para abrirnos a nuevas posibilidades, es decir, de nuestra rigidez, que nos impide aceptar los cambios, de nuestros prejuicios y la fuerza de malos hábitos repetidos, que se han vuelto costumbre sólo porque alguna vez fueron útiles o porque así nos fueron enseñados.

En algunas áreas del conocimiento, todo sucede como si huyéramos del pensamiento creativo, asustados por las consecuencias de reflexionar, enfrentarnos o contrastar los hechos, lo que se supone cierto hasta hoy. Mantenemos actitudes basadas en prejuicios que de todas maneras no somos capaces de sostener en nuestro discurso cotidiano. Parece evidente que si se hiciera una encuesta con las preguntas que enuncio a continuación, obtendríamos muy pocas o ninguna respuesta afirmativa:

- ¿Estás a favor de la rigidez de pensamiento?
- ¿Te parece positivo o productivo evaluar una situación o a una persona partiendo de tus prejuicios infundados?
- ¿Crees que generalizar sobre algo o alguien es una manera de ayudar a encontrar la verdad definitiva de las cosas?
- ¿Opinas que es beneficioso aferrarse a hábitos mentales anacrónicos?

Y sin embargo, en la secuencia cotidiana de nuestra conducta, siendo sinceros con nosotros mismos, no podemos dejar de admitir que, en más de una ocasión, no nos animamos a abrir la mente a algunas ideas nuevas y que nos sorprendemos haciendo algún análisis teñido de prejuicios o basado en antiguos esquemas de referencia que ya no tienen ningún valor. Deberemos aceptar que, en cada una de nuestras posiciones y comentarios sobre las cosas, algunos planteamientos podrían ser calificados como meras generalizaciones, como hechos de nuestra propia limitada experiencia o como producto de una mirada restringida a un determinado entorno.

Hace muchísimos años, llegó a mis manos un poema. Se llamaba "The Cookie Thief" (El ladrón de galletitas) y lo había escrito una maravillosa autora estadunidense, Valerie Cox. El poema era tan bello como la historia que contaba. Incapaz de traducir lo poético de la obra, me conformé con hacer de la historia un cuento, que me acompaña desde entonces.

En los últimos años, me he vuelto a cruzar dos veces con la historia, contada en forma de anuncios publicitarios para dos fabricantes de galletas: una vez en Italia y otra, en Brasil. Está claro que alguien más disfrutó del poema de Valerie Cox y decidió plasmarlo en imágenes; o quizá —me emociona el hecho de pensar que así puede haber sido— alguien disfrutó de mi propia versión de la historia y la transformó en alguno de esos anuncios.

Una mujer llega a la estación de ferrocarril para subir al tren que la dejará después de un viaje de dos horas en su ciudad natal. Al preguntar por el andén de salida, el empleado de la estación le avisa que, lamentablemente, el convoy va con retraso y llegará a la estación una hora más tarde de lo previsto.

Molesta, como cualquier persona a quien le toque aguantar un plantón inesperado, la mujer se acerca a un pequeño establecimiento de la estación y compra allí un par de revistas, un paquete de galletitas y un refresco. Minutos después, se acomoda en uno de las bancas del andén para esperar el convoy. Pone sus cosas a un lado y empieza a hojear una de las revistas. Pasan unos diez minutos. Por el rabillo del ojo ve acercarse a un joven barbudo que toma asiento en su misma banca.

Casi instintivamente, la mujer se aleja del muchacho, sentándose en la punta del asiento y sigue leyendo. Otra vez de reojo, la mujer ve con asombro cómo, sin decir palabra, el joven estira la mano, agarra el paquete de galletitas que está entre ambos, encima de la banca, lo abre y toma una galletita.

"¡Qué poca vergüenza!", piensa ella. "Sin siquiera pedir permiso..."

Dispuesta a hacer valer su pensamiento frente a la situación, pero no a dirigirle la palabra al joven descarado, la mujer se gira y, ampulosamente, toma también una galletita del paquete y, mirando fijamente al muchacho, se la lleva hasta la boca y le da un mordisco.

El joven, por toda respuesta, sonríe y... toma otra galletita.

La mujer está indignada... No lo puede creer. Vuelve a mirar fijamente al muchacho y toma una segunda galletita. Esta vez hace un gesto exagerado, gira la pequeña pastita frente a la propia cara del joven y luego, sin quitarle los ojos de encima, mastica con enfado la galleta.

Así continúa este extraño diálogo silencioso entre la mujer y el chico.

Galletita ella, galletita él. Primero uno, luego el otro...

La señora, cada vez más indignada; el muchacho, cada vez más sonriente.

En un momento determinado, la señora se da cuenta de que en el paquete queda una única galletita. La última. "No se atreverá... ¡No va a comerse la última...!", piensa. Como si hubiese leído el pensamiento de la indignada mujer, el joven alarga la mano de nuevo y, con mucha suavidad, saca del paquete la última galletita. Ahora es el muchacho el que mira a la señora a los ojos, y cortando la galletita en dos, le ofrece una de las mitades con su sonrisa más encantadora.

—Gracias —le dice ella, aceptando, con voz y cara de pocos amigos.

En ese momento, llega a la estación el tren que la mujer esperaba. La señora se pone de pie, recoge sus cosas de la banca y, sin decir palabra, sube al vagón que le corresponde. A través de la ventanilla, la enfadada pasajera observa cómo el joven se come a pequeños bocados la mitad de la última galletita.

"Con una juventud como ésta", se dice, "este país no tiene remedio."

El tren arranca. Con la garganta reseca por el enfado, la mujer abre su bolso para buscar el refresco que había comprado en la tienda de la estación. Para su sorpresa, allí está, intacto y sin abrir... ¡su propio paquete de galletitas!

Esta maravillosa historia, que puede contarse para hablar de muchas cosas, muestra los resultados de los preconceptos, lo injusto de algunos análisis que hacemos y conclusiones a las que llegamos, cuando dejamos que nuestra mirada se tiña con la inmoral parcialidad que aportan los prejuicios.

Flexibilidad para crecer

Uno de nuestros peores enemigos internos es, sin lugar a dudas, nuestra odiosa tendencia a repetir una y otra vez los mismos errores. Conocemos gente que nos propone esas relaciones tóxicas de las que hemos hablado, pero después nos relacionamos otra vez con ese mismo tipo de personas y repetimos con ellas las mismas actitudes con las que ya hemos sufrido y fracasado antes. La ironía, que no es graciosa, es que luego decimos que no entendemos por qué las cosas nunca nos salen bien.

> La mayoría de nuestras conductas inadecuadas o enfermizas están íntimamente relacionadas con nuestros aspectos más inmaduros, más infantiles, más anacrónicos.

La falta de madurez o de desarrollo no nos permite encarar nuestra vida de una manera creativa, para aportar nuevas soluciones a los viejos problemas o alejarnos de ellos y buscar nuevos desafíos con los cuales probar genuinas aptitudes, muchas veces inexploradas.

El genial John Stevens decía siempre que cuando un hipnotizador consigue hacer entrar a alguien en trance hipnótico, logra que el individuo jerarquice más la palabra del hipnotizador que sus propias sensaciones y que, por eso, el hipnotizado responde más a las palabras de quien lo sugestiona que a lo que la percepción o su aparato psíquico le informan de la realidad.

De alguna manera, aseguraba Stevens, todos vivimos un poco hipnotizados. Padres, maestros, vecinos y todos aquellos que han compartido la responsabilidad de educarnos nos han repetido infinidad de veces las mismas cosas —siempre por nuestro bien; quién lo duda. Hemos leído esas palabras en libros y revistas, hemos visto a nuestros seres más queridos acatarlas tantas veces, sin cuestionarlas jamás, que terminamos creyendo más en las palabras que nos dijeron que en nuestro propio sentir. Renunciamos casi sin darnos cuenta a la posibilidad de pensar diferente y, por lo tanto, a ser capaces de hallar una forma distinta de hacer lo mismo, de encontrar un camino alternativo que nos lleve a los mismos o a otros destinos.

Salud mental

El desafío para despertar de nuestro sueño hipnótico es el de nuestro crecimiento como personas, la conquista de la autodependencia, la conciencia de que podemos confiar en nosotros mismos, el coraje de flexibilizar nuestra mirada del mundo, el único camino para desarrollar conductas, análisis y estrategias más creativas que promuevan, sostengan y aprovechen el cambio de paradigmas. La salud mental y, más específicamente, la madurez tienen mucho que ver con la decisión de abandonar por igual la conducta rígida y la conducta líquida o excesivamente laxa.

Desde su significado etimológico, la palabra *rigidez* evoca lo estancado, lo inmóvil y lo muerto. Pero, desde lo coloquial, la psicología de la conducta utiliza el término *rigidez* para referirse al modelo de respuesta repetido, automático, estandarizado y siempre idéntico a sí mismo: una actitud frente a la vida que tiene de positivo la estabilidad y lo previsible, además del ahorro de energía que supone no tener que buscar permanentemente nuevas respuestas a cada situación. Por poner un ejemplo simple, ahorro mucho tiempo y esfuerzo si decido guardar mis calcetines siempre en el mismo lugar, en vez de dejarlos en cualquier lado y tener que buscarlos cada mañana.

El concepto de conducta líquida lo utilizo para evocar la actitud de aquellas personas que, remedando aquella propiedad física de los fluidos, se adaptan necesariamente a la forma del recipiente que lo contiene.

Se refiere a la actitud de los que nunca tienen una posición ni un orden, ni una escala de valores. Aquellos que viven creyendo que uno es solamente la suma de las imágenes que los demás tienen de él e intentan permanentemente responder a las expectativas que escuchan, perciben o imaginan de los demás. Por lo tanto, rígida no. Líquida tampoco. ¿Y entonces? ¡Flexible!

> **Flexibilidad es cambiar los medios, las vías o los recursos que nuestra experiencia nos dice que han sido utilizados hasta aquí en situaciones similares. Es estudiar un objeto o un suceso sin aferrarse a lo dado, sin atenerse a un plan mental prefijado. Es hacer algo nuevo y distinto, y no necesaria ni únicamente frente al fracaso de lo habitual.**

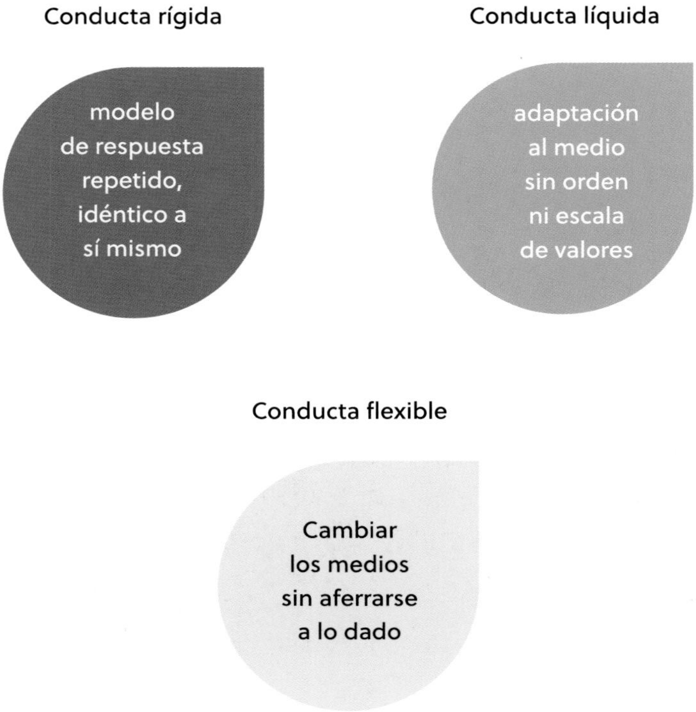

Conducta rígida

modelo
de respuesta
repetido,
idéntico a
sí mismo

Conducta líquida

adaptación
al medio
sin orden
ni escala
de valores

Conducta flexible

Cambiar
los medios
sin aferrarse
a lo dado

Aclaro esto porque me parece que ser flexibles sólo cuando es conveniente para conseguir un resultado inmediato distrae la atención de la necesidad de explorar lo nuevo siempre. Se debe ser flexible no sólo para adaptarse a una situación nueva o difícil, sino también cuando nada lo requiere, con el simple fin de expandir la frontera del yo, como camino para el propio desarrollo personal, grupal y de la sociedad como un todo.

En efecto, una conducta, una postura y una mente flexible es imprescindible no sólo cuando la inconformidad con el resultado impone un cambio.

La creatividad, que nunca crece a la sombra de la rigidez de pensamiento, debe obedecer también a la necesidad de investigar, trabajar y descubrir nuevas variantes para responder a viejos planteamientos.

En todos los momentos, cada persona debe tener presente que lo mejor que podría pasarle es incorporar al análisis de los hechos todas las alternativas posibles, incluso aquellas que todavía la experiencia no ha probado como efectivas.

Hace muchísimos años, inspirado en un poema del monje tibetano Rimpoche, escribí esta pequeña anécdota que me describía, y me describe, en alguna de mis más necias actitudes y que hoy comparto contigo para intentar ayudarte a darte cuenta de las tuyas.

Me levanto una mañana. Salgo de mi casa. Hay un pozo en la acera. No lo veo... y me caigo en él.

Día siguiente. Salgo de mi casa. Me olvido de que hay un pozo en la acera... y vuelvo a caer en él.

Tercer día. Salgo de mi casa tratando de acordarme de que hay un pozo en la acera. Sin embargo, no lo recuerdo… y caigo en él.

Cuarto día. Salgo de mi casa tratando de acordarme del pozo en la acera. Lo recuerdo. Y a pesar de eso, no veo el pozo… y caigo en él.

Quinto día. Salgo de mi casa. Recuerdo que tengo que tener presente el pozo en la acera. Y camino mirando el suelo. Lo veo. Y a pesar de verlo, caigo en él.

Sexto día. Salgo de mi casa. Recuerdo el pozo en la acera. Voy buscándolo con la vista. Lo veo. Intento saltarlo… pero caigo en él.

Séptimo día. Salgo de mi casa. Veo el pozo. Tomo impulso. Salto. Rozo el borde del otro lado con la punta de los pies. Pero no es suficiente… y caigo en él.

Octavo día. Salgo de mi casa. Veo el pozo. Tomo impulso. Salto. ¡Llego al otro lado! Me siento tan orgulloso de haberlo conseguido que lo festejo dando saltos de alegría. Y al hacerlo… caigo otra vez en el pozo.

Noveno día. Salgo de casa. Veo el pozo. Tomo impulso. Salto… y sigo caminando.

Décimo día. Me doy cuenta, justo hoy, de que es más cómodo caminar por la acera de enfrente.

La flexibilidad se manifiesta, como vemos en esta anécdota:

En la cantidad de recursos que el sujeto es capaz de emplear en las situaciones a las que se enfrenta.

En la posibilidad de generar alternativas de solución a los problemas.

En los diferentes modos de contemplar un fenómeno.

En la posibilidad de modificar el rumbo del pensamiento.

Y, también, en la cantidad de ideas y de operaciones no ensayadas que el sujeto es capaz de encontrar ante un hecho, situación o problema.

En un mundo cambiante como éste, la flexibilidad debería estar presente en todas las áreas de nuestra interacción con lo externo. No sólo en el análisis de los hechos, no únicamente en el planeamiento de nuestra conducta, sino también, y por supuesto, en el análisis de los resultados de lo actuado.

No se debe confundir flexibilidad con pensamiento anárquico, ni creatividad con la falta de rumbo, ni fluidez con desborde permanente.

No es lo mismo una saludable cuota de imprevisibilidad que una inquietante dosis de incongruencia y sinrazón.

Una contradicción puede ser parte de mi actitud plástica, de mi capacidad de cambio, de mi posibilidad de modificarme a través del tiempo… Pero la incoherencia es siempre parte de mi enfermedad, de mi propia falta de claridad; un intento de trasladar mi confusión interna a lo externo. Una falta de respeto al otro y a mí mismo.

Las trampas del consumo

Como todos sabemos, nuestra educación, incluso la más cuidada y amorosa, está plagada de errores, distorsiones y limitaciones, cuando no de flagrantes mentiras en las que nuestros educadores y responsables creían a pie juntillas. Una de estas falacias, seguramente no la de consecuencias más graves, pero sí la más difundida en Occidente, es aquella que nos sugiere que la felicidad depende de la satisfacción de nuestros deseos.

Si le agregamos a esto la conciencia clara de que nuestros deseos y ambiciones muchas veces están también condicionados por esa misma educación y, posteriormente, por las exigencias sociales de cada tiempo y de cada entorno, nos daremos cuenta de que estamos atrapados (casi) sin salida.

Desde todos los medios: periódicos, revistas, radio y televisión, los publicistas del mundo intentan convencernos de que "necesitamos" conducir tal automóvil, vivir en ese lugar, beber ese licor o tener determinado aspecto físico si queremos estar a tono con los tiempos que corren o ser aceptados con gusto por la mayoría de las personas (y cuanto más agresiva y contundente es la campaña publicitaria, más convicción se genera de que así será).

Como si fuera parte de un macabro plan de manipulación masiva o un microlavado de cerebros, la verdad "propagandeada" con intensidad y persistencia parece terminar volviéndose cierta.

El mecanismo psicológico-social que podemos detectar detrás de este fenómeno es el de la creación de falsas necesidades, montadas sobre el fenómeno de la "predicción creadora", también conocido como la profecía que se autorrealiza. Por poner sólo un ejemplo: si una campaña bombardea durante

años a la población mostrándole imágenes de hombres muy atléticos y mujeres casi anoréxicas, riendo y disfrutando de fiestas, mientras beben y bailan,
para después abandonar la reunión en el más lujoso de los coches, condu-
ciendo hacia un paisaje de ensueño…, podría generarse la idea —y se genera— de que sin un cuerpo como ése nos será imposible conseguir tales cosas,
que, con sólo verlas, acarician nuestras fantasías más hedonistas.

Después de esa imagen, una voz en *off* nos hace saber "lo importante":
"Tenga el cuerpo que siempre quiso tener usando nuestras cremas modelado-
ras, tomando estas inocuas pastillas o suscribiéndose a nuestro programa de
entrenamiento importado de Tanzania…". Y aunque no se diga, se insinúa:
"…y si no lo hace, el mundo lo tratará como si no existiera".

Si consiguieran convencerme, aunque sea por un minuto, de que esa
amenaza tiene algo de cierto, ¿cómo no salir a comprar la bendita crema, el
mágico medicamento o el dichoso programa de ejercicios?

El gran pensador Erich Fromm nos decía hace más de cincuenta años que la sociedad occidental, más tarde o más temprano, terminaría dándose cuenta de que la obtención de todas las cosas que se pueden pagar con dinero no son suficientes para garantizarnos una buena vida. Sabemos que es así.

Y, sin embargo, caemos en la adictiva tentación de encontrar placer en el solo hecho de comprar un millar de cosas en las que nunca habíamos pensado y que posiblemente nunca llegaremos a apreciar, salvo, claro, para hacer saber a otros que las tenemos, que las usamos o que pudimos pagarlas. Una especie de enfermiza conducta a la que una vez me dio por ponerle un nombre: "La estupidez cúbica", que en resumen consiste en: gastar el dinero que no tienes para comprar lo que no necesitas y para impresionar a algunas personas que ni siquiera te importan.

> La sociedad de consumo, como se le llama, vive, crece y se expande gracias a estos puntos flacos de nuestra conducta. Funcionamos inventando, creando o fantaseando un deseo —cuando no haciendo nuestro uno ajeno— para después trabajar y esforzarnos a fin de satisfacerlo, alentados por el recuerdo del placer que nos dio saciar alguna vez un deseo genuino...

Dicho así, suena tan ridículo como golpearnos la cabeza contra la pared para poder sentir el alivio del dolor cuando nos tomemos el analgésico.

A nuestro alrededor hay muchos que viven así, y muchos más que toman el analgésico porque siempre creen que algo les duele; y hay algunos, incluso, que lo toman para que nunca les llegue a doler o por si se golpean.

La decisión de suplir la verdadera necesidad, que es la de llenar el vacío interno comprando, se apoya en esa misma distorsión. Tanto es así que,

para muchos, comprar funciona como un verdadero mecanismo de escape, cuando no como una verdadera adicción, aunque en los casos menos ostensibles sea socialmente avalada con una sonrisa cómplice y hasta aplaudida, especialmente por aquellos que en silencio envidian la suerte de los que pueden darse "todos los gustos" (menos el de sentirse plenos, digo yo).

Que nadie crea que estoy en contra de darse caprichos. Que nadie piense que propongo el ascetismo de los ermitaños como única manera de conquistar la esencia. Estoy seguro de que el dinero que te has ganado con tu trabajo está en tus manos justamente para que lo uses como te plazca, para disfrute tuyo y de los tuyos. Lo que digo es que deberíamos ser capaces de disfrutar con todas esas cosas y también de disfrutar sin ellas.

Deberíamos estar dispuestos a pagar por las cosas materiales sólo lo que valen, en el momento en que las obtienes, y no toda una vida. Miles de padres y madres del mundo occidental trabajan más de catorce horas diarias para conseguir, dicen, que a los hijos no les falte nada y, sin darse cuenta, los privan de lo que más falta les hace: la presencia de alguno de sus padres.

Irene y Luis, una pareja no tan imaginaria, son padres amorosos y excelentes que inundan a sus hijos, un chico y una chica, de presencia, de amor y de cuidados. Una tarde, los niños se quedan con sus abuelos, que también los adoran y miman. Pero, por alguna razón, Diana, la niña, de cinco añitos, está inquieta. Al regresar su madre, la increpa:

—Dijiste que tardarías sólo un ratito…

—Es que también pasé por una juguetería —argumenta la mamá— a comprarte las pinturas que me pediste...

—¡Pero has tardado 846 horas!

—No fueron 846 horas, mi amor —la corrige su madre sorprendida—. Pero te parecieron muchas, ¿verdad?

—Sí. ¡Muchísisisimas! —responde la niña.

—Cuánto lo siento —dice su madre, mientras la abraza—, pero ya estoy aquí y eso es lo importante, ¿verdad?

Para un niño, un par de horas de ausencia puede ser un tiempo tan largo como 846 horas y, aunque éste no sea el caso, su reclamo nos enseña y señala la dirección adecuada. Un niño sabe lo que después muchos parecemos olvidar:

> nada de lo que se puede comprar con dinero puede suplir ni compensar la necesidad de un abrazo, ya que lo único que satisface ese deseo es, por supuesto, un abrazo cuando se necesita.

La sociedad que hemos construido no puede garantizarnos que haya siempre alguien que nos dé un abrazo sincero cada vez que lo deseamos; no puede garantizarnos que seamos capaces de conjurar con nuestra propia compañía nuestro temor a la soledad; no puede garantizar que tengamos la sabiduría de no confundir los deseos propios con los ajenos y poder así diferenciar nuestra conciencia de necesidad genuina con lo introyectado.

Ni siquiera puede enseñarnos a discriminar con claridad una carencia material de un vacío existencial, de una carencia anímica.

La sociedad de consumo no puede hacer nada de eso, pero intenta suplir esa incapacidad con otras habilidades. Es capaz, claro, de mostrarnos el camino de la prosperidad y de la abundancia; es capaz de ayudarnos a conseguir un buen trabajo, una profesión rentable y poner a disposición de los compradores compulsivos millones de centros comerciales con centenares de tarjetas de crédito de hermosos colores que hasta pueden hacernos creer, por unos instantes, que ni siquiera estamos pagando lo que compramos.

Me acuerdo ahora de aquella frase del increíble maestro de Oriente Baldwin el Sabio. Él decía, riendo a carcajadas: "Por atractiva que te parezca la idea, no debes probar el veneno sin estar seguro de haber tomado antes el

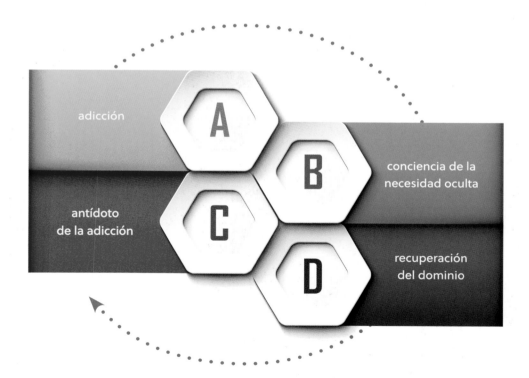

antídoto". Y el antídoto de la adicción a la fuga por la vía del consumo es la conciencia de la verdadera necesidad oculta detrás de esa conducta y, desde allí, la recuperación del dominio de nuestras respuestas.

En un principio, podría ayudarnos a la hora de vencer la tentación de comprar y comprar, el darnos cuenta de que podríamos vivir igual de felices sin cualquiera de esas cosas que nos urge poseer. Podría ayudarnos intentar, por decisión, reemplazar esas horas de compras por un encuentro con alguien que —¿por qué no?— sea capaz de abrazarnos, sin metáforas.

La sabiduría popular tiene razón cuando nos enseña que el dinero es un excelente esclavo, pero un amo cruel y despótico.

La escuela de la vida

Hace ya bastante tiempo que repito ante quienes deciden oírme y ante algunos de ustedes, que me honran al leerme, que el sentido último de la vida de las personas no pasa, a mi entender, por llegar a ser felices ni por acumular logros. Ni siquiera por el tan publicitado objetivo de conseguir dejar huella de nuestro paso ayudando a los demás.

Creo que el verdadero y único desafío, significativo y común a todos, es enfrentarnos a la nada fácil tarea de volvernos cada vez más sabios, aunque estoy convencido también de que, en ese camino, conseguiremos por añadidura ser más felices, lograremos más cosas y dejaremos detrás de nosotros la estela imborrable de lo mucho que hemos hecho y legado a otros.

Se aprende a sumar y a restar en la escuela; a nadar, en la piscina del club; y a montar en bicicleta, de la mano de una madre o de un abuelo en la plaza de al lado de casa. Pero ¿dónde se aprende a ser más sabio? ¿Quiénes serán nuestros maestros? ¿Dónde está esa escuela? Nos conocemos desde hace tiempo y sé que ya tienen la respuesta: no existe tal escuela, no hay un lugar específico al que haya que asistir, ni un iluminado, maestro único dispuesto a enseñarnos todo lo que debemos saber... Para bien y para mal, la única escuela para este aprendizaje es la vida misma.

Es fácil entender, dicho esto, por qué sostenemos siempre que la sabiduría es un patrimonio de los mayores, de los que han vivido más tiempo y, por lo tanto, han aprendido más cosas.

En la entrada de la escuela pública donde mis hijos cursaron la primaria, había un texto pintado en elegantes y cuidadas letras blancas. Desde el título se anticipaba su sentido y contenido: *Reglas de la escuela*. Y enumeraba, una tras otra, algunas normas a cumplir por los alumnos. Decía, más o menos:

1. No faltar.
2. Cuidar la escuela.
3. Hacer muchos amigos.
4. Ser buen compañero.
5. Cuidar los útiles.
6. Prestar atención a los maestros.
7. Aprender a divertirse mientras se aprende.
8. Pedir perdón si se daña a otros.
9. No enfadarse cuando algo no sale. Volver a intentarlo.
10. Venir a la escuela con ganas de aprender.

Tengo en casa una fotografía de mis hijos en la cual aparece como fondo (juro que no fue mi intención) este letrero. La encontré hace unos días guardando unas fotos nuevas y mirando las antiguas. Al verla y releer el texto se me ocurrió que esas normas no son exactas ni perfectas, seguramente no son todas las necesarias, pero bien podrían servir como guía de principiantes para cualquier escuela. ¿Y por qué no también para la escuela de la vida?

1. No faltar

Faltar, en este aprendizaje de lo cotidiano, sería "no vivir". No asistir participativamente a la propia existencia. Pasar por la vida sin comprometerse, sin estar allí realmente. El lamento, la queja y el lloriqueo como sistema nos sacan del presente y nos alejan de la clase de hoy. Compromiso y presencia responsable son las actitudes necesarias para no faltar a la cita. Sostener los principios y defenderlos, la única manera de hacer efectiva esa presencia.

2. Cuidar la escuela

Cuidar la escuela es cuidar la vida. La propia y la ajena. La de los seres queridos y la de los desconocidos. La de los compatriotas y la de los habitantes de los más lejanos países. La de las personas y la de los animales, aquí y en todas partes; pero, sobre todo, cuidarla no sólo ahora, sino también cuando ya no estemos en la escuela.

3. Hacer muchos amigos

La vida es un camino personal, pero nunca solitario. No se puede aprender si no hay de quién, y su sentido tiende a desaparecer si no tenemos con quién compartirlo. La dificultad se divide cuando la enfrentamos junto a un amigo; el goce se multiplica si lo podemos compartir. No estamos solos en el universo. La amistad es la mejor manera de intimar y, para aprender todo lo que queremos aprender, es imprescindible la amistad de muchos.

4. Ser buen compañero

En la escuela de la vida, *ser un buen compañero es comprender lo que le pasa al otro y necesita,* aunque su deseo vaya en contra de nuestros intereses, y defender su derecho de luchar por ello. Es comprender el concepto del "nosotros", sabiendo que todos somos uno; aunque sólo sea porque somos compañeros de curso. La palabra *compañero,* en su raíz etimológica, significa "aquel que comparte con nosotros el pan" y, por extensión, "aquel con quien comparto lo bueno y lo malo que tengo y que soy".

5. Prestar atención a los maestros

La mejor enseñanza, el aprendizaje más importante, puede ocurrir a cada momento. *En la escuela de la vida, nadie es el maestro porque todos lo son.* Por lo tanto, es necesario estar conscientes y atentos todo el tiempo, dispuestos a exprimir cada minuto hasta sacarle el más preciado jugo de lo que puede enseñarnos cada cual. En esta escuela, el maestro o la maestra no son sólo aquellos que, con bata blanca, dictan su clase desde el estrado. Son también y, sobre todo, los que escuchan con nosotros y los que nos siguen, incluso aquellos que supuestamente saben menos. Prestar atención es ser consciente de lo que soy, de lo que hago y de lo que siento, pero también es darse cuenta de que, ya que tú eres también mi maestro, debería estar atento en cada encuentro a lo que me dices, para no perderme nada de lo que tienes para enseñarme.

6. Cuidar los útiles

Los útiles en esta escuela son de todo tipo, tamaño e importancia. *Herramientas y recursos internos y externos, innatos y adquiridos, de uso frecuente o sofisticados y reservados para algunas ocasiones...* Pero todos ellos deben ser cuidados y registrados. Debemos conocer con qué contamos para poder utilizarlo en cada momento.

7. Aprender también puede ser divertido

Los aprendizajes no tienen por qué ser serios ni circunspectos. La sabiduría no es severa ni aburrida; al contrario, nos abre a un mundo de mayor goce y satisfacción. La rutina aburre porque no enseña. No olvidemos que la palabra *aburrirse* evoca la vida del pobre animal que da vueltas alrededor de la noria recorriendo, una y otra vez, el mismo camino. *La risa, en cambio, despierta lo mejor de ese niño o niña que alguna vez fuimos y toda nuestra intuición se pone al servicio del aprendizaje, sin limitaciones ni prejuicios.* Jugando con la vida aparece lo mejor de lo que yace en nuestro interior, y podemos ver el universo de una forma nueva.

8. Pedir perdón si hacemos daño

Para seguir aprendiendo es imprescindible hacernos responsables de lo que hacemos, pensamos y decimos. Y, por supuesto, parte de ese hacerse responsable es disculparse si hacemos daño a alguien, incluso sin quererlo. Sólo los tiranos y los autoritarios no se disculpan. Es parte del aprendizaje enfrentarse con los tiranos, tanto internos como externos.

9. No enfadarse cuando algo no sale bien

Animarnos a cometer errores es marcar la diferencia entre un recorrido mediocre y sin sorpresas o una escolaridad llena de luz y descubrimientos. Es necesario hacer las cosas, aun para equivocarse y volver a intentarlo, pidiendo ayuda si es necesario, con la humildad de la que seamos capaces.

10. Venir con ganas de aprender

El buen alumno es aquel que valora más su progreso que los resultados, aquel que se siente satisfecho plenamente con lo que aprende sin necesidad de ufanarse de ello frente a los demás. La educación no es una serie de aprendizajes definitivos, sino una búsqueda permanente sobre temas que se encadenan. Hay que dotar a los individuos de capacidades y no de conocimientos estereotipados y

puntuales. Esta escuela no premia al que mejor repite los puntos de vista ajenos, sino al que se anima a explorar la vida con una actitud abierta, alerta y
reflexiva. Ésa es la garantía de un buen aprendizaje y también el pasaporte a
una juventud eterna, dado que no es cierto que por fuerza dejamos de aprender cuando envejecemos, pero sí lo es que por fuerza envejecemos cuando
dejamos de aprender.

Epílogo

odos somos buscadores de la verdad. La buscamos porque somos conscientes de que deambulamos por un mundo en movimiento, lleno de ilusiones y de imágenes que son sólo aparentes, y porque sabemos que no hemos aprendido la frontera entre lo verdadero y lo falso, lo real y lo imaginario, la mentira y la verdad.

Sin embargo, muchas veces, con la misma denodada fuerza con que la buscamos, tratamos de evitarla. Intuimos que hallarla y enfrentarnos cara a cara con la verdad nos traerá una consecuencia dolorosa, aún más dolorosa que desconocerla, como en el cuento de *La tienda de la verdad*.

Afortunada o desgraciadamente, no es sólo el azar lo que nos permitirá hallarla. Primero, porque contamos con la ayuda de un aliado que se cruza en nuestro rumbo desde nuestros primeros años, el deseo de saber; y segundo, porque mientras la buscamos, ella nos persigue tratando de alcanzarnos.

Déjame que te cuente un último cuento... por hoy.

Buscando la verdad un día, me dijeron que habitaba desnuda y solitaria en el fondo de un pozo.

Al llegar al pozo, en el fondo de mi casa, me asomé como los héroes de los cuentos a iluminarme de ella, si es que allí habitaba.

Quizá porque el agua estaba agitada o la noche era muy oscura, el caso es que no vi ninguna luz en el fondo de aquel pozo profundo.

Pensé entonces que la verdad no estaba en ningún lado o, por lo menos, era inhallable.

Sin embargo, por alguna razón, seguí volviendo al pozo.

Hasta que un día vi el brillo increíble en el fondo. Bailaba sólo de la alegría. Finalmente yo la había encontrado. La verdad existía y estaba allí.

Fui a contarles a los otros mi descubrimiento y me crucé con algunos que, igual que yo, decían haber descubierto un brillo similar en sus pozos.

Hube pues de concluir que había muchas verdades y que cada uno tenía la suya.

Volví al pozo, menos orgulloso, menos exultante y más en silencio.

La noche estaba clara y miré el brillo en el fondo de mi pozo.

Entonces me di cuenta...

El brillo no venía del fondo del pozo, el brillo reflejaba la luz de la luna que iluminaba a la vez todos los pozos del pueblo. Ésa era la verdad.

Comprendí por fin que la verdad, como la luz de la luna, está en todas partes e ilumina a todos los que la buscan con humildad y ganas de recibir su luz.

Éstos son los estados por los que todos pasamos, invariablemente, en la búsqueda de nuestras verdades más importantes o en la búsqueda de "la verdad" como valor intangible:

1. Pensamos primero que la verdad no existe.
2. Luego, que la verdad está en mí, porque yo la encontré y sólo yo la poseo.
3. Después, que la verdad está en cada uno, o que cada uno tiene su verdad.
4. Y, por último, que la verdad es una y su reflejo está en todas partes.

Ojalá en este libro hayas encontrado algún pequeño reflejo de la verdad que buscas. Una búsqueda que, aunque no lo sepas, compartes conmigo.

Créditos de fotografías

Esta obra se imprimió y encuadernó
en el mes de febrero de 2015,
en los talleres de Egedsa,
que se localizan en la calle
Roís de Corella, nº 12-16, nave 1,
08206 Sabadell (España).